LE CATHOLICISME

EST-IL HOSTILE A L'INDUSTRIE?

PAR

H. FEUGUERAY.

(Extrait du *Correspondant*, 9e et 11e livraisons, 10 août — 10 septembre 1844.)

PARIS

V.-A. WAILLE, LIBRAIRE-ÉDITEUR,

RUE CASSETTE, 6.

1844

LE CATHOLICISME

EST-IL HOSTILE A L'INDUSTRIE?

PAR

H. FEUGUERAY.

(Extrait du *Correspondant*, 9ᵉ et 11ᵉ livraisons, 10 août — 10 septembre 1844.)

PARIS

V.-A. WAILLE, LIBRAIRE-ÉDITEUR,

RUE CASSETTE, 6.

1844

LE CATHOLICISME

EST-IL HOSTILE A L'INDUSTRIE?

La tactique ordinaire des ennemis de l'Eglise est de la représenter comme nécessairement hostile, en vertu de ses doctrines, à toutes les tendances de la société moderne. Que notre siècle, par exemple, se prenne de passion pour le progrès, — aussitôt nos docteurs s'efforcent de démontrer la radicale opposition de cette idée et du Catholicisme; et si un philosophe s'attache à distinguer entre les diverses théories du progrès et à en proposer une qui ne heurte pas l'orthodoxie, ils lui diront tout net qu'il ne sait ce dont il parle. Que les nations européennes, et la nôtre surtout, réclament une satisfaction pour les sentiments démocratiques qui les remuent, — et nos incrédules vont nous apprendre que l'Eglise ne peut vivre que sous la protection de l'épée du noble ou à l'abri du trône d'un monarque absolu. L'Eglise, selon eux, n'est qu'une institution temporaire, qui a eu sa raison d'être dans les nécessités d'une autre époque, un vieux débris de la féodalité qui doit disparaître dans l'âge nouveau. Il en est de même quand il s'agit de l'industrie. La puissance de l'homme sur la matière s'accroît chaque jour par les découvertes de la science; le travail occupe dans le monde une place plus grande qu'à aucune autre époque, et, appuyé sur sa charrue ou sur sa mécanique, se déclare hardiment l'héritier légitime du pouvoir de l'épée; et voici que nos grands philosophes recourent encore à leur raisonnement favori, et posent en principe l'incompatibilité absolue de l'industrie et de la doctrine catholique, pour en conclure, comme toujours, que nous assisterons bientôt aux funérailles d'un grand culte.

Ce système est habile, mais est-il fondé? On a déjà prouvé bien des fois que non; nous voulons le prouver une fois de plus. De ces trois oppositions signalées entre notre foi et les tendances de notre siècle, prenons en une; laissons de côté la démocratie et le progrès, et cherchons si en effet l'enseignement catholique est contraire au développement de l'industrie. La transformation de la matière, son appropriation à nos usages et à nos besoins, la conquête du globe, l'assujettissement de la nature à notre puissance, sont-ce des choses pour lesquelles l'Eglise n'ait que des répugnances ou des dédains? Le travail producteur trouve-t-il un mobile suffisant dans la morale orthodoxe? Telle est la question à laquelle nous essayons de répondre, et que nous posons ici avec une rigueur scolastique, pour qu'on ne nous accuse pas de nous perdre dans le vague littéraire.

Beaucoup de nos lecteurs s'étonneront peut-être que nous traitions ainsi *ex cathedrâ* une question déjà tranchée aux yeux du bon sens et par l'autorité de l'histoire. Pour en comprendre la gravité, il faut en effet savoir quelle importance y attachent les sectes qui s'agitent autour de nous. C'est par là que commence l'initiation des disciples. L'impuissance du Christianisme à résoudre les difficultés de notre temps, c'est le premier mot du catéchisme philosophique; les saint-simoniens l'ont inventé, les fouriéristes le crient sur les toits, et les éclectiques le répètent tout bas. Notre foi s'en va; sa fécondité est épuisée; ses mamelles sont taries; le vieux tronc n'a plus de sève. Jadis, sans doute, le Christianisme a été glorieux et utile; au besoin, on avouerait même qu'il a été vrai; mais tout change et tout passe. A l'ère pacifique qui commence, à l'ère du travail et de la richesse, il faut une autre loi, une autre religion qu'à l'époque guerrière qui finit. L'industrie, c'est la reine de l'avenir, et elle ne saurait s'accommoder du mysticisme chrétien. Qui n'a lu, qui n'a entendu toutes ces belles choses? Ne sait-on pas que nous allons avoir un messie? et celui-là ne nous enseignera pas à mépriser les biens de la terre; il ne nous prêchera pas l'abnégation et le sacrifice; il n'aura pas d'anathèmes pour la richesse; il ne nous parlera pas du ciel et des consolations d'une autre vie. Oh! que non pas! Mais il nous délivrera du spiritualisme qui opprime notre corps et paralyse notre puissance; il nous donnera la recette pour harmoniser la libre expansion des facultés et des penchants de chacun, et nous ouvrira ici-bas les portes du paradis, où nous serons tous riches, indépendants et heureux.

C'est sur ces bases que repose toute l'argumentation des philosophes panthéistes qui réclament en faveur de l'industrie. Pour eux la religion chrétienne n'est qu'un pur mysticisme, proche parent des superstitions de l'Inde, qui, en appelant notre pensée au delà des limites de ce monde, nous détourne de l'œuvre à laquelle l'homme est destiné, qui abolit la vie, la nature et l'humanité, suivant l'expression favorite de M. Pierre Leroux. Les plus indulgents reconnaîtront volontiers quelque chose d'admirable dans le détachement des sens et dans l'esclavage de la chair sous la domination de l'esprit ; mais ils y trouveront aussi quelque chose d'excessif, une exagération malheureuse qui a entraîné après elle une exagération en sens contraire. Car ainsi va l'homme, selon leur doctrine : passant tour à tour d'une extrémité à l'autre, ne s'élevant vers les pures régions de l'esprit que pour se plonger ensuite dans les ténèbres de la matière, toujours au delà ou en deçà de la vérité, ne la possédant jamais. Le jeu de bascule, dont on a fait pendant un temps la règle du gouvernement représentatif, est le type de ce balancement nécessaire, suivant lequel oscille l'humanité, suivant lequel du moins elle a oscillé jusqu'ici ; car un temps viendra, et il est proche, où une religion nouvelle réconciliera la chair avec l'esprit et rétablira la paix dans notre être.

Ecoutez M. de La Mennais. « Sous la loi chrétienne, dit-il « dans son dernier ouvrage, cette créature sublime (c'est de « l'homme qu'il parle) ne tendait pas seulement à s'unir de plus « en plus au Créateur ; elle tendait à se perdre, à s'absorber en « lui, à sortir de la création. Elle y fut ramenée par la puis- « sance indéfectible de la nature, qui, des hautes régions où « elle planait comme l'aigle au-dessus des nues, la rappelant à « soi, la força d'entrer dans une autre voie de développement, « du développement nécessaire aussi qui s'opère au sein du « fini, relève immédiatement de ses lois propres... Comme elle « avait tendu à s'absorber en Dieu, l'humanité tendit à s'ab- « sorber dans la nature, et ce mouvement subsiste encore. Mais « elle commence à s'en effrayer ; elle cherche un point ferme « où se prendre pour arrêter sa chute ; ses yeux se relèvent ;

« un instinct puissant la presse de remonter. Elle aspire dere-
« chef au principe de qui elle émane, en qui est sa raison et la
« raison de l'univers ; elle sent qu'une conception moins incom-
« plète unira ce qu'elle avait séparé, la cause absolue et les ef-
« fets relatifs ; qu'elle doit les embrasser dans une vaste syn-
« thèse qui, comprenant les lois de tous les ordres, les ramènera
« toutes, sans les confondre, à l'unité. Elle découvre, à travers
« les premières lueurs du jour qui se fait, un avenir, il est vrai,
« obscur encore, mais pleins de magnifiques espérances. Que les
« fils d'Ormuzd se réjouissent donc, etc., etc. » (*Amschaspands
et Darvands*, p. 55.)

Et plus loin : « Le mépris, commandé d'ailleurs en une cer-
« taine mesure, des biens matériels, détournant les nations des
« travaux relatifs à l'existence terrestre, les jette dans les voies
« d'un spiritualisme exclusif, qui, par la direction toute mys-
« tique imprimée aux pensées, aux désirs, aux sentiments, à
« l'activité commune et individuelle, détache trop de la vie
« présente, rendue stérile dès lors à l'égard d'une des fins prin-
« cipales de l'humanité. » (*Id.,* p. 110.)

Ces paroles de M. de La Mennais sont claires ; elles sont un
écho adouci, mais fidèle, de ce que d'autres ont enseigné avec
fracas. Il faut réhabiliter la chair ; c'est le dernier mot de toutes
ces doctrines. M. Enfantin a été logique en l'affirmant, et ceux
qui prennent le même point de départ que lui n'ont pas le droit
de lui jeter la pierre.

Voici donc l'objection dans toute sa force : le Christianisme
proscrit les satisfactions de la chair ; il enseigne à vivre comme si
l'on ne vivait pas ; il tourne les yeux de ses fidèles vers des lieux
imaginaires où ils espèrent trouver le repos et le bonheur ; il
dit à l'homme de faire son salut, de prier, de s'élever par la contemplation au-dessus des réalités contingentes, d'aspirer uni-
quement au bien absolu. Comment donc l'industrie, la chose la
plus terrestre qu'on puisse imaginer, elle qui vit du travail et
exige une activité incessante, pourrait-elle s'allier à une doctrine qui la condamne en principe et l'effacerait du monde, si
elle le pouvait ? Et voyez, ajoute-t-on, les âges qui ont été le
plus sincèrement catholiques, le moyen âge, par exemple ; est-
ce une époque d'industrie ? Le commerce y est une fonction vile,
le travail y est en déshonneur ; toutes les dignités et tous les
honneurs y sont réservés à la crosse et à l'épée. Voyez les peu-

ples qui sont restés courbés sous le joug clérical, voyez l'Espagne et l'Italie ; ne sont-ce pas des pays pauvres, des populations paresseuses, sans fabrique, sans commerce, sans navigation? Où donc l'industrie s'est elle développée? là même où le Christianisme a reculé, où il a fait une transaction avec les intérêts temporels, où il s'est mutilé pour obtenir un sursis de quelques siècles, chez les nations protestantes, et en Angleterre surtout. Les disciples les plus parfaits du Christianisme, ce sont ceux qui ont renoncé au mariage et au travail : c'est le Chartreux dans sa cellule, l'anachorète dans sa solitude, la Carmélite dans son cloître. Ne nous parlez donc pas d'industrie, vous qui vous dites chrétiens, nous crient les philosophes panthéistes; n'abâtardissez pas votre doctrine; fils exilés d'Ève, pleurez et gémissez dans votre vallée de larmes, implorez votre délivrance; pour nous, la terre n'est pas un lieu d'exil : elle est notre domaine que nous ferons fructifier en dépit de vos enseignements et de vos préjugés.

Telle est l'argumentation de nos adversaires ; c'est ainsi qu'ils dénaturent la doctrine pour mieux la combattre, et faussent l'histoire pour y trouver leurs preuves, comme nous le prouverons tout à l'heure. Mais, avant d'aller plus loin, remarquons bien que cette argumentation s'attaque à la morale chrétienne elle-même, à la loi pratique qu'a toujours acceptée la France et qu'accepte encore l'immense majorité de nos concitoyens. Le Christianisme complet, celui de l'Eglise, est un système si bien lié qu'on ne peut en rien retrancher ni rien y ajouter; le dogme et la morale s'y appuient et s'y répondent; il faut tout prendre ou tout laisser. Les incrédules de nos jours l'ont bien compris. Leurs prédécesseurs avaient toujours eu soin de faire leurs réserves; ils attaquaient des points de discipline ou des points de dogme; mais la morale, ils faisaient profession de la respecter et de la louer sans restriction. Où Jésus a-t-il pris chez les siens cette morale élevée et pure dont lui seul a donné les leçons et l'exemple? disait Jean-Jacques Rousseau. Maintenant Rousseau est dépassé. Cette morale élevée et pure, on la déclare fausse et funeste, et l'on est en train de nous en fabriquer une autre qui sera bien supérieure, qui sera bien plus complète, suivant l'expression adoptée. C'est le caractère propre de notre siècle qu'on n'y soit plus d'accord sur rien, pas même sur le bien et le mal. Combien de gens qui ne croient pas que la chasteté est une vertu! Combien de moralistes qui prétendent que le sacrifice et l'abnégation sont des niaiseries! On a été jusqu'au bout de l'erreur. On aurait peut-être voulu s'arrêter en chemin, mais la logique ne l'a pas permis. Ne nous en plaignons pas trop; il fallait que l'œuvre s'achevât : c'est du doute absolu qu'on reviendra à la vérité.

Le but le plus élevé que la plupart des écoles de la philosophie contemporaine aient assigné à l'humanité est de dominer les forces de la nature pour les employer à son usage, et de perfectionner l'organisation sociale pour arriver à constituer une grande unité dans le sein de laquelle nos descendants puissent vivre heureux. De ce point de vue tout matériel, l'industrie occupe nécessairement la première place dans les sociétés comme dans l'histoire. C'est par elle, en effet, que nous transformons la matière et l'exploitons comme notre domaine; elle est à la fois l'instrument de notre bonheur et le moyen de notre but. Cette théorie, en la dépouillant de son caractère exclusif, n'a rien de contraire au Christianisme; bien plus, elle en est sortie. Dieu n'a-t-il pas dit aux hommes en la personne d'Adam : Emplissez la terre et vous l'assujettissez? Et l'Eglise, qui ne s'appelle pas catholique sans motif ni sans espoir, n'attend-elle pas des jours où il n'y aura plus qu'un troupeau et un pasteur? Mais si, en philosophie chrétienne, on peut et doit reconnaître un grand dessein de la Providence dans cette amélioration progressive de l'état civil et politique des peuples, et dans cette domination toujours croissante de l'homme sur la nature, il ne s'ensuit pas que la recherche du bien-être matériel doive seule nous occuper ici-bas et qu'elle soit le but même de l'humanité. Il est de foi au contraire que l'homme a été créé pour connaître Dieu, l'aimer, le servir, et mériter par là la vie éternelle, comme dit le catéchisme. Or, de ce second point de vue, l'industrie descend du rang qu'on veut lui faire usurper; elle n'est plus la loi suprême, elle n'est plus le premier devoir de l'homme. Les philosophes socialistes, qui se préoccupent exclusivement du bonheur sensuel, ont été conduits par la nature même de leurs études à tout donner à l'industrie; les philosophes chrétiens, qui n'oublient pas que l'homme est avant tout un être spirituel, doivent la remettre à sa place. Ils reconnaîtront volontiers en elle une des grandes fonctions nécessaires à l'existence des peuples ; mais ils la subordonneront à la morale, à la religion, comme ils subordonnent le corps à l'âme.

Que l'Eglise et la philosophie de nos jours ne considèrent pas l'industrie du même œil et ne lui donnent pas une égale importance, cela est donc vrai ; mais que l'Eglise proscrive l'industrie, cela est faux. Loin de là, elle l'honore et elle l'encourage ; car l'industrie n'est que le travail appliqué à l'appropriation de la matière à nos besoins, et l'Eglise honore et ordonne le travail. Le chrétien qui ne travaille pas pèche : l'Ancien et le Nouveau-Testament n'ont sur ce point qu'un même langage. L'homme est fait pour travailler comme l'oiseau pour voler, est-il dit dans le livre de Job (ch. V, v. 7). Celui qui ne veut pas travailler ne doit pas manger, écrit saint Paul aux Thessaloniciens (2ᵉ ép.; ch. III, v. 10). L'Eglise a mis la paresse au rang des péchés capitaux, et quand des sectes protestantes ont soutenu que la foi seule suffit au salut, elle les a condamnées. Il n'y a pas de salut sans bonnes œuvres ; or, il n'y a pas de bonnes œuvres sans travail, et le travail lui-même est une bonne œuvre, s'il est dirigé vers une fin pure.

Bien plus, c'est au Christianisme que le travail doit l'estime et la considération dont il jouit chez les peuples modernes. Il n'est dans la société, aux yeux de l'Eglise, aucune fonction, si infime qu'elle soit, qui ne puisse être relevée et ennoblie par l'esprit dans lequel elle est remplie. « Les citoyens ne doivent « exercer ni les arts mécaniques, ni les professions mercanti- « les, » disait Aristote, interprète en cela de toute l'antiquité (*Politique*, l. VIII, ch. 8); il ajoutait même que « les citoyens ne doi- « vent pas être laboureurs ; car ils ont besoin de loisir, soit pour « cultiver la vertu, soit pour exercer les fonctions politiques. » Mais les chrétiens ont un autre Maître qui leur a enseigné une autre doctrine. Leur Maître, à eux, a été artisan, salarié ; il a exercé un métier, et l'Eglise, fidèle à l'esprit de son fondateur, n'a pas oublié que, jusqu'à l'âge de trente ans, le Seigneur Jésus a travaillé dans l'atelier de saint Joseph. Saint Paul gagnait sa vie en faisant des tentes, et plus d'un saint a gagné la sienne en exerçant quelque autre profession mécanique. Au concile de Nicée, il y avait au rang des évêques un homme qui avait été berger : c'était Spiridion, que ses vertus avaient fait élever à l'épiscopat et qu'elles ont fait canoniser. Alexandre, l'évêque de Comana, avait été charbonnier, et le premier évêque de Berrhoé en Macédoine fut Philémon, l'esclave d'Onésyme, que saint Paul avait converti. Voilà comment l'Eglise a réhabilité le travail.

Ce travail, il est vrai, ou du moins les conséquences qu'il entraîne après lui, le cortége de douleurs et de fatigue dont il est actuellement accompagné, sont une suite du péché qui ne pesait pas sur l'homme primitif, tel qu'il était sorti des mains du Créateur; c'est après la chute qu'il a été dit à l'humanité : Tu mangeras ton pain à la sueur de ton front. Mais qu'importe? Si l'homme était dans un autre état, il serait soumis à d'autres lois; dans son état actuel, il est soumis à celle du travail dans toute sa rigueur, et ne peut s'y dérober sans manquer au commandement de Dieu. Quel est le chrétien parfait? C'est celui qui a la charité. Or la charité n'est pas seulement humble, patiente, désintéressée; elle est active aussi. Elle ne s'endort pas dans les douceurs du quiétisme ; elle ne s'oublie pas dans les ravissements de la contemplation ; elle associe la prière et le travail; ni l'austérité ni la mortification ne lui suffisent; il lui faut les œuvres. La charité est comme la foi, elle n'est sincère que si elle agit.

Il est pourtant un passage de l'Evangile qui peut sembler contraire à ce que nous avançons ici; c'est la réponse fameuse que Jésus-Christ fit à Marthe, quand elle se plaignit à lui que Marie, sa sœur, restât assise aux pieds du Seigneur et lui laissât à elle tout le fardeau du ménage. « Marthe, lui dit Jésus, vous « vous empressez et vous troublez dans le soin de beaucoup de « choses; une seule pourtant est nécessaire : Marie a choisi la « meilleure part qui ne lui sera point ôtée. » La meilleure part, c'est donc la contemplation ; c'est là le lot des âmes d'élite qui ont pénétré dans le cœur de la doctrine chrétienne; la vie active n'est bonne qu'à la foule qui ne saurait vivre de la vie spirituelle; les parfaits ont une autre loi. Ainsi raisonnent les incrédules qui veulent nier la puissance sociale du Christianisme; ainsi, il faut le dire, ont raisonné beaucoup de chrétiens qui ont grandement abusé de la parole du Seigneur. Mais ce n'est pas ainsi qu'ont entendu ce passage ni les docteurs les plus autorisés, ni les saints, même ceux dont l'âme était la plus tendre et la piété la plus vive, saint François de Sales entre autres. Voici comment il s'explique sur ce sujet, avec toute la naïveté de son langage, dans une lettre adressée à Mme de Chantal : «De

« vrai, ma chère fille, Marthe avait raison de désirer qu'on l'ai-
« dât à servir son cher hôte ; mais elle n'avait pas raison de
« vouloir que sa sœur quittât son exercice pour cela et laissât
« le doux Jésus tout seul... Savez-vous comment je voulais ac-
« commoder le différend ? Je voulais que sainte Marthe, notre
« maîtresse, vînt aux pieds de Notre Seigneur en la place de sa
« sœur, et que sa sœur allât apprêter le reste du souper ; et
« ainsi elles eussent partagé le travail et le repos comme bon-
« nes sœurs, et je pense que Notre Seigneur eût trouvé cela
« bon. » N'est-ce pas là l'esprit chrétien dans toute sa pureté,
et ce partage de la vie entre le travail et la prière n'est-il pas
l'abrégé de nos devoirs ? L'auteur de l'*Introduction à la vie dé-
vote* ne mutilait pas les saintes Ecritures ; il n'en prenait pas une
parole isolée pour la commenter à sa guise et conformément à
ses sympathies personnelles ; il avait de l'Evangile une vue plus
haute, une vue d'ensemble, et savait que, dans l'interprétation,
le guide le plus sûr, celui qui ne se trompe pas, c'est la charité.
Ce qu'il écrivait d'ailleurs à Mme de Chantal, bien d'autres déjà
l'avaient dit avant lui. Il y a surtout parmi les faits et dits remar-
quables des Pères du désert, tels qu'ils ont été recueillis par
Rufin, une histoire que nous demandons la permission de tran-
scrire ici tout entière ; c'est le meilleur commentaire que nous
connaissions sur les paroles de Jésus. « Un solitaire étranger
« étant venu trouver l'abbé Sylvain, qui demeurait sur la mon-
« tagne de Sina, et voyant les frères qui travaillaient, il leur dit :
« Pourquoi travaillez-vous ainsi pour une nourriture périssa-
« ble ? Marie n'a-t-elle pas choisi la meilleure part ? » Le saint
« vieillard ayant su cela dit à Zacharie, son disciple : « Donnez
« un livre à ce frère pour l'entretenir et mettez-le dans une cel-
« lule où il n'y a rien à manger. » L'heure de none étant venue,
« ce solitaire étranger regardait si l'abbé ne le ferait point ap-
« peler pour aller manger ; et, lorsqu'elle fut passée, il le vint
« trouver, et lui dit : « Mon Père, les frères n'ont-ils point mangé
« aujourd'hui ? — Oui, lui répondit ce saint homme. — Et d'où
« vient donc, ajouta ce solitaire, que vous ne m'avez pas fait appe-
« ler ? — D'autant, lui répartit le saint, que vous, qui êtes un
« homme tout spirituel, qui avez choisi la meilleure part et qui
« passez les journées entières à lire, n'avez pas besoin de cette
« nourriture périssable ; au lieu que nous, qui sommes charnels,
« ne nous pouvons passer de manger, ce qui nous oblige à tra-

« vailler. » Ces paroles ayant fait voir à ce solitaire quelle était
« sa faute, il en eut regret et il dit à Sylvain : « Pardonnez-moi,
« je vous prie, mon Père. » Sur quoi Sylvain lui répondit : « Je
« suis bien aise que vous connaissiez que Marie ne saurait se
« passer de Marthe, et qu'ainsi Marthe a part aux louanges qu'on
« donne à Marie. »

Cette discussion nous conduit à parler du mysticisme, et nous
réclamons ici la bienveillante attention des lecteurs, car nous
croyons toucher au nœud même de la question.

On entend ordinairement par mysticisme une disposition à
préférer la contemplation à l'action ; ainsi personne n'appellera
saint Vincent de Paul un mystique, malgré sa sainteté, parce
qu'il était avant tout un homme pratique ; on appliquera, au
contraire, cette qualification à sainte Thérèse, quoiqu'elle ait
beaucoup agi, parce que sa piété était surtout intérieure et qu'il
entrait beaucoup de *spiritualité* dans sa dévotion. Le sens du
mot mystique est loin pourtant d'être exactement défini ; il est
souvent pris pour synonyme de spirituel ou d'allégorique, comme
quand on oppose le sens mystique de l'Ecriture au sens littéral
et au sens figuré ; il a quelquefois la signification d'invisible ou
de surnaturel. C'est un terme vague, et par conséquent dangereux, sous lequel on comprend des choses distinctes et même
des choses opposées, dont les unes sont bonnes et les autres
mauvaises. L'usage fréquent des sacrements, l'amour de la
prière, une piété affectueuse et tendre, c'est, pour beaucoup de
personnes, du mysticisme pur ; d'autre part, il est des hérétiques notoires qui ont été des mystiques ; Molinos, par exemple,
qui a été condamné au XVIIe siècle, en était un. Il y a donc deux
sortes de mysticismes, l'un qui est autorisé, et l'autre qui est ré-
prouvé. C'est de ce dernier que nous voulons parler d'abord,
pour en montrer l'origine et pour prouver combien il diffère de
la morale chrétienne avec laquelle on a cherché souvent à le
confondre.

Le mot mystique vient du mot grec μύστης, qui signifie initié.
On sait ce qu'étaient les initiations qu'on retrouve chez la plupart des peuples de l'antiquité, notamment chez les Egyptiens
et chez les Grecs ; c'étaient des sociétés religieuses secrètes, où
l'on révélait aux adeptes des doctrines inconnues à la foule, où

l'on expliquait les mystères, où l'on attribuait un sens caché aux dogmes et aux cérémonies de la religion populaire. Dans le Christianisme, qui a supprimé toute distinction entre l'enseignement ésotérique et l'enseignement exotérique, qui impose le même *credo* à tous ses fidèles, savants ou ignorants, il n'y a plus d'initiés. Le mysticisme pourtant a conservé quelques analogies avec l'initiation ; il y a entre ces deux choses plus que la parenté du nom. Comme l'initié, le mystique a toujours montré du goût pour les pratiques cachées et du dédain pour les règles communes ; toujours il a eu la prétention de s'élever par des voies particulières à un état de perfection dont la foule n'avait pas même l'idée. Mais en outre, et ceci est plus grave encore, les mystiques se rattachent aussi à l'antiquité par leurs doctrines.

Le panthéisme, qui est une des sources d'où est sortie l'idolâtrie, se retrouve au fond de la plupart des religions de l'antiquité ; mais c'est surtout chez les Indous qu'il a triomphé pleinement, et c'est aussi dans le sein de ce peuple qu'en se combinant avec la doctrine de la chute, telle qu'elle y était admise, il a donné naissance au mysticisme le plus complet et le plus puissant dont l'histoire fasse mention. Les Indous n'avaient conservé qu'une tradition altérée du péché originel et en avaient dénaturé toute la théorie. Selon le dogme chrétien, le péché originel a été l'œuvre du premier homme seul, quoique les suites en aient pesé sur tous ses descendants, et d'un homme complet, c'est-à-dire composé d'une âme et d'un corps ; ce péché d'ailleurs a été commis sur la terre, dont la création était antérieure. Suivant la religion des Indous, au contraire, chaque âme a péché individuellement dans le ciel où elle était destinée à vivre d'une vie purement spirituelle ; l'homme est un ange déchu ; il n'a été revêtu d'un corps que pour expier sa faute ; la terre elle-même et tout l'univers matériel n'ont reçu l'existence que pour lui offrir un asile après sa chute. Ces oppositions entre les deux dogmes sont fondamentales. Ainsi, dans la doctrine indoue, l'âme humaine n'est jointe à un corps que par châtiment ; dans la doctrine chrétienne, cette union est dans sa destination primitive et naturelle. Ainsi, dans la doctrine indoue, l'humanité n'a pour but que l'expiation des fautes antérieures de chacun de ses membres ; dans la doctrine chrétienne, il faut bien admettre qu'elle en a un autre, puisqu'elle a été créée avant que la faute ait été commise. Ainsi, dans la doctrine indouc, le monde physique n'existe que pour servir de lieu à l'expiation; dans la doctrine chrétienne, au contraire, Dieu a créé l'univers avant de créer l'homme; la terre nous a été destinée aussi bien avant qu'après la déchéance. Certes jamais il n'y eut de dogmes plus favorables au mysticisme que les dogmes de la religion indoue; ils n'y auraient pourtant pas conclu sans le concours du panthéisme. Il paraît même que, dans l'origine, ce fut au travail, à la lutte contre la nature, à la bienfaisance, aux œuvres sociales, que les brahmanes attribuèrent la vertu expiatrice, qui, par une série de vies successives, devait faire remonter à l'homme l'échelle des êtres et rendre sa patrie à l'ange déchu. Plus tard seulement le panthéisme aurait envahi la société indoue et aurait fait peu à peu descendre dans cette torpeur et cette immobilité, où nous les voyons engourdis, des peuples qui ont laissé sur la terre tant de monuments de leur prospérité passée et de leur gloire éteinte. Alors à la doctrine du salut par les œuvres succéda celle du salut par la foi. L'âme, pour obtenir sa délivrance, ne fut plus obligée de passer par une longue suite d'épreuves successives; à cette voie pénible, que l'on continua pourtant d'enseigner aux castes inférieures, les docteurs en substituèrent une autre plus courte, plus satisfaisante pour l'orgueil, plus conforme à la nouvelle doctrine. L'âme humaine n'était plus, selon eux, une substance particulière; elle était la substance divine elle-même. Etincelle sortie du foyer divin, elle s'était égarée quelques instants dans les ténèbres de la matière; en cela consistait sa chute. Sa délivrance, c'était de briser les lourdes chaînes des sens, de s'élever au-dessus des apparences trompeuses de notre monde, de ces phénomènes passagers qui ne sont qu'illusion, de rentrer dans l'unique réalité du grand être, de se sentir identique avec lui et de se complaire dans cette conscience inactive de sa propre divinité; sa délivrance, c'était un mysticisme absolu, conséquence pratique à laquelle le panthéisme ne peut échapper, dès qu'il lui répugne de légitimer toutes les passions de la chair et de diviniser nos appétits les plus grossiers.

Depuis l'introduction de cette doctrine antisociale, l'Asie orientale n'en a plus secoué le joug. Les bouddhistes ont hérité en ceci des doctrines des brahmes et les ont propagées chez plus de cent cinquante millions d'hommes, dans l'empire chinois, au Japon, chez les Malais et jusqu'en Sibérie. Ils en ont même poussé les conséquences beaucoup plus loin. Ces fakirs, dont les voyageurs nous racontent les bizarres pratiques, ces solitaires qui passent des années entières dans une inertie presque absolue, sans proférer à peine une parole, les bras levés et les jambes repliées, ce sont les saints du bouddhisme, ce sont des mystiques parfaits, qui fuient la pensée et l'action comme des souillures, qui cherchent dans l'oubli des choses de ce monde le calme absolu, but suprême de leurs efforts, qui se dépouillent le plus qu'ils peuvent de leur personnalité propre (car leur personnalité, c'est le mal), qui aspirent à l'anéantissement comme au souverain bien.

Ces doctrines d'ailleurs ne se rencontrent pas seulement parmi les peuples qui relèvent de la civilisation de l'Indoustan; on en retrouve des traces jusque dans le culte d'Odin, et, aux jours de Pythagore et de Zénon, la philosophie grecque n'a pas su s'en défendre. Mais nous ne voulons pas ici en suivre l'histoire; ce qui nous intéresse, c'est l'influence qu'elles ont pu exercer sur les chrétiens.

A plusieurs reprises, un panthéisme mystique, analogue à celui des Indous, a tenté de se glisser dans l'Eglise. Les gnostiques des premiers siècles, par exemple, étaient de fidèles disciples de la science orientale. La *gnose*, c'était la science par excellence, celle qui ne s'acquiert pas par l'étude, mais par une intuition subite, qui s'élève au-dessus des phénomènes pour pénétrer dans le sein de l'absolu ; la gnose, c'était l'identification avec Dieu. Les gnostiques se sont divisés en de nombreuses sectes ; mais ils s'accordèrent tous à regarder l'âme humaine comme une émanation de la Divinité, et la matière comme l'œuvre d'un esprit inférieur, une prison où l'âme était détenue et dont elle ne pouvait sortir que par la *gnose*. Les rapports de cette doctrine avec celle que nous exposons plus haut en indiquent assez clairement l'origine. Bien des siècles après, dans l'Europe moderne, un théologien espagnol était publiquement anathématisé à Rome; ce théologien, dont nous citions le nom il y a quelques instants, Molinos, n'était certainement pas un élève des brahmanes ni des bouddhistes. Il avait cependant, et sous couleur de dévotion, renouvelé avec une exactitude étrange les théories des philosophes indous. M. l'abbé Gerbet, dans son livre sur l'Eucharistie, a tracé un tableau comparatif de diverses propositions extraites, les unes des ouvrages du mystique espagnol, ẽt les autres de l'*Oupnékhat*. C'est des deux parts la même doctrine ; c'est souvent le même langage. La secte de Molinos ne survécut pas longtemps à la condamnation du Saint-Siége ; mais on sait que de sa souche sortit bientôt un autre rejeton, le quiétisme, plus pur à la vérité, mais qui n'en avait pas moins les mêmes racines et la même sève.

Les hérétiques ont-ils été les seuls parmi les chrétiens qui aient altéré en ces matières la pureté du dogme et de la morale ? Divers auteurs mystiques, même accrédités, n'ont-ils pas, au contraire, cultivé à leur insu certaines semences de la philosophie panthéiste dont nous venons d'exposer les principes ? On peut l'affirmer sans témérité. Ni les textes ni les autorités ne manqueraient à l'appui de cette assertion. Si Fénelon, qui était à la fois pieux et savant, se laissa prendre aux douceurs du quiétisme, comment s'étonner que d'autres hommes, animés du même esprit, soient tombés dans des erreurs analogues ? Il ne s'est pas toujours rencontré un Bossuet pour arrêter le mal dans sa source. Mais il n'y aurait ni bonne foi ni justice à prononcer ainsi sur toute une doctrine d'après des faits isolés et les exagérations de quelques hommes. En fait, il y a une opposition radicale entre le mysticisme chrétien et le mysticisme panthéiste ; ce sont deux doctrines toutes différentes ; elles sont malheureusement désignées par un même nom, mais il ne faut pas pour cela les comprendre dans une réprobation commune.

Les mystiques chrétiens n'ont jamais cru qu'il n'y ait dans le monde qu'une seule et unique substance dont émanent tous les êtres finis, et que l'âme humaine en particulier soit un écoulement de Dieu. Leur premier article de foi, comme celui de tous les chrétiens, a toujours été que l'homme est une simple créature et qu'il a été fait de rien, *ex nihilo;* c'est sur ce principe qu'ils ont fondé leur humilité ; ils n'ont pas donné dans l'orgueil des stoïciens : ils n'avaient pas une assez haute opinion d'eux-mêmes pour s'égaler au Créateur. Nettement séparés des panthéistes sur un dogme aussi essentiel, ils ne l'ont pas moins été dans la pratique. L'union avec Dieu, à laquelle ils tendent, n'est pas une identification impossible ; toute union est un rapport et suppose deux termes distincts entre lesquels le rapport s'établit. Vivre de la vie divine, pour nos mystiques, ce n'est donc pas se perdre dans l'abîme du grand tout ; c'est seulement écouter attentivement la voix de Dieu qui parle en nous, et se laisser pénétrer et guider par la grâce. En ce sens, nous sommes tous appelés à être plus ou moins mystiques. Or, cette union intime de l'âme avec Dieu, qui est le but constant des efforts des saints, ne découle pas de notre nature même, comme le soutiennent les panthéistes ; loin de là, c'est malgré la nature qu'elle s'opère ; elle est un don, elle est une grâce, et elle est en même temps une conquête, prix du sacrifice et de la lutte. La vie du mystique indou n'est qu'un long repos ; la vie du mystique chrétien n'est qu'un long combat. Il suffit au premier de se connaître dans sa grandeur et de rompre avec ce monde, où il est prisonnier, pour obtenir aussitôt sa délivrance dans le sein d'une parfaite quiétude ; mais devant le second, c'est une autre carrière qui s'ouvre, carrière de travail et d'épreuve, où il lui faut veiller sans cesse et renouveler chaque jour la victoire de la veille, sur un ennemi qui ne se rend jamais.

La longue digression que nous venons de faire n'est pas, comme on pourrait le croire, étrangère à notre sujet. A quoi bon, dira-t-on peut-être, parler ici des bouddhistes, des fakirs et de l'émanation ? *Non erat his locus.* A cela nous répondrons que nous croyons, au contraire, être au cœur même de la question, et que, pour défendre la vérité, nous ne connaissons pas de meilleur moyen que de la dégager de l'alliage étranger avec lequel on cherche à la confondre. Si la morale chrétienne pouvait être confondue avec les folies de l'Indoustan, elle serait la condamnation de toute industrie, de toute activité, de toute pratique sociale, et les accusations des incrédules seraient fondées ; cela est hors de doute. Mais cette confusion est impossible, et les reproches qu'on adresse justement au mysticisme panthéiste n'ont plus la même force ni le même poids vis-à-vis du mysticisme autorisé qui n'a jamais proscrit l'action ni fait une loi de l'inertie.

Les mystiques chrétiens travaillent surtout, il est vrai, à leur sanctification intérieure, et doivent à ce titre être condamnés sans miséricorde par les utilitaires, qui ne voient dans l'homme qu'un producteur et dans la société qu'un atelier. Mais pour ne pas remplir dans le monde une fonction spéciale, les croit-on inutiles à ce monde ? La société n'en irait certes pas plus mal quand nous aurions parmi nous un plus grand nombre de ces mystiques, ou pour mieux dire de ces ascètes (c'est le nom qui leur convient).

2

Leurs exemples ne nous profiteraient pas moins que leurs prières ; et si nous retournons aux mœurs romaines, qui sait si l'Église, en revanche, ne devra pas repeupler quelque Thébaïde nouvelle, pour faire un contre-poids à l'empire de la chair et retremper les âmes amollies par le sensualisme ?

Établissons bien d'ailleurs les limites dans lesquelles doit se renfermer l'ascétisme ; elles sont assez étroites pour rassurer l'industrie. D'une part, la vie mystique n'a jamais été qu'une exception ; l'Église, qui est faite pour tout le monde, ne l'impose à personne, et ne l'autorise que pour les âmes en petit nombre qui en ont la vocation réelle. En second lieu, la vie mystique n'exclut pas l'action extérieure ; les plus contemplatifs parmi les saints ont pratiqué le travail manuel, nous le verrons bientôt, et il n'en est pas un seul qui n'ait été toujours prêt à sacrifier la contemplation pour venir au secours du prochain.

En résultat donc le mysticisme proprement dit est bien une doctrine mortelle pour les peuples ; mais il est séparé de notre foi par toute l'épaisseur d'un dogme fondamental. L'histoire et la logique démontrent également qu'il se rattache au panthéisme comme un fleuve à sa source. Comment pourrait-il découler du spiritualisme chrétien ?

Cette distinction entre le mysticisme panthéiste et la morale chrétienne une fois bien établie, la plupart des objections dogmatiques élevées contre la fécondité sociale du Christianisme tombent d'elles-mêmes, car elles manquent leur but. Restent seulement les objections historiques, auxquelles nous allons tâcher de répondre dans la seconde partie de notre travail.

La morale chrétienne ne date pas d'hier ; elle a été expérimentée pendant dix-huit siècles ; elle a pénétré dans toutes les couches de la société ; elle s'est fait des peuples ; souveraine d'une portion de l'humanité, elle a eu bien des sujets désobéissants, rarement elle a rencontré des rebelles qui osassent nier sa légitimité. Or, cette doctrine qu'on représente comme indifférente aux choses d'ici-bas et laissant couler à ses pieds les divers flots de la terre, sans détourner les yeux du ciel, elle a précisément modifié, transformé, remué de la base au faîte toutes les institutions humaines ; il n'en est pas une où elle n'ait laissé sa trace et dont elle n'ait entrepris ou achevé la réforme ;

elle a innové partout. Le pouvoir, — elle l'a changé dans son
essence. « Vous savez que les princes des nations les dominent
« avec empire ; qu'il n'en soit pas de même parmi vous ; que celui
« qui voudra être le premier se fasse le serviteur des autres. »
Cette parole du Maître a été le principe suprême dont, avec une
persévérance infatigable, les peuples chrétiens ont poursuivi
l'application à travers tout le cours des âges. La famille, — elle
l'a réglée suivant une loi nouvelle : le mariage indissoluble, la
puissance maritale et la puissance paternelle limitées et adou-
cies, la femme devenue la compagne de son mari, au lieu d'en
être l'esclave ; l'infanticide proscrit, le fils obtenant à sa majorité
la libre disposition de lui-même, tout cela ce sont des choses
nouvelles, pur fruit de l'Évangile dont n'ont pas goûté les peuples restés en dehors de la lumière. La société, — elle en a rap-
proché les deux extrémités ; elle a comblé l'abîme qui les séparait. Qu'est-ce que notre noblesse à côté du patriciat ? Qu'est-ce
que nos classes pauvres à côté des esclaves de l'antiquité ? Le
droit civil personnel chez les chrétiens et le droit civil personnel chez les païens diffèrent du tout au tout ; un étudiant en droit
de première année n'a plus de doute sur ce point quand il a com-
paré le premier livre de notre Code avec le premier livre des
institutes de Gaïus. Singulier mysticisme en vérité, qui non-seulement a ses poëtes, ses artistes et ses théologiens, mais a aussi
ses juristes ; qui, en créant un art nouveau, crée aussi un droit
également nouveau ! Les nations chrétiennes ont toujours été
tourmentées par un invincible besoin d'expansion, de mouvement, de progrès ; le repos est antipathique à leur nature ; il faut
qu'elles marchent. Leurs marins découvriront les terres inconnues ; leurs savants renouvelleront les sciences ; leurs artistes
inventeront des formes nouvelles ; leurs gouvernements n'au-
ront de puissance qu'en se mettant à la tête de tous ces mouve-
ments et en prenant l'initiative de tous ces progrès. Des peuples
soumis à une autre loi, les Chinois, par exemple, s'endorment
volontiers dans le culte exclusif des traditions ; mais les peuples
chrétiens ne conservent que pour développer ; ils ont plutôt les
yeux tournés vers l'avenir que vers le passé ; ils se rappellent
toujours la fameuse parabole de l'Évangile : le *talent* qui leur a
été donné, ils ne l'enterrent pas ; ils le font fructifier pour ac-
croître le trésor qu'ils ont reçu des générations antérieures et
qu'ils doivent transmettre aux générations suivantes.

Si pourtant les progrès des nations chrétiennes étaient bornés à l'ordre moral et politique, on pourrait comprendre jusqu'à un certain point l'objection qu'on nous oppose ; mais il n'en est pas ainsi. Sur le terrain de l'économie politique pure, la supériorité des chrétiens sur les infidèles, de toutes les couleurs n'est pas moins évidente. Les nations chrétiennes ne sont pas seulement les plus éclairées et les plus morales du globe, elles en sont aussi les plus industrieuses, les plus laborieuses, les plus riches. Il n'est pas de terre habitée par des musulmans, des bouddhistes, des idolâtres, qui ait été autant remuée, fertilisée, appropriée à l'usage des hommes, que les terres habitées par les chrétiens. Nulle part autant que chez eux le travail n'a été opiniâtre et intelligent ; nulle part ailleurs la science n'a prêté un secours plus efficace à la force des bras ; nulle part ailleurs l'agriculture et l'industrie proprement dite n'ont été poussées à un plus haut degré de perfection. Et, qu'on le remarque bien, cette primauté n'est pas seulement l'œuvre des derniers siècles ; elle a commencé, nous l'établirons bientôt, dès l'époque purement catholique, au moyen âge, alors que la tiare s'élevait au-dessus des couronnes et que l'autel dominait la fabrique et le comptoir.

Le premier coup d'œil jeté sur l'histoire justifie donc la morale évangélique des reproches qui lui ont été adressés par les socialistes modernes, et cette incompatibilité prétendue entre les progrès de la richesse et la conservation de la foi, qu'on allègue contre nous, s'évanouit à l'instant même qu'on étudie l'état passé et l'état présent des sociétés chrétiennes. Notre mysticisme, si mysticisme il y a, n'est pas si redoutable qu'on le suppose ; il n'a pas empêché nos pères de défricher le sol, de bâtir des villes, d'établir des fabriques ; pourquoi nous empêcherait-il d'en faire autant ? Il y a longtemps que dans la France catholique on a percé des routes et creusé des canaux ; pourquoi la France, restant catholique, n'établirait-elle pas aussi bien des chemins de fer ?

Ces généralités pourraient peut-être suffire ; il nous semble utile pourtant de les compléter par des observations de détail et des études plus développées.

Les faits historiques qu'on nous oppose, et sur lesquels nous voulons donner des éclaircissements, sont de deux ordres différents. D'une part, on attaque les institutions monastiques ; on les représente comme une cause de dépérissement pour les sociétés ; on prétend qu'elles détournent les hommes de l'accomplissement de leurs devoirs sociaux, et surtout du travail, unique source de la production ; on les accuse de nuire essentiellement aux intérêts matériels, qu'elles sacrifient à de prétendus intérêts moraux. D'autre part, on argue de l'état de faiblesse et de nullité où l'industrie a été réduite pendant le moyen âge, alors que le Catholicisme était souverain, et où elle est encore réduite dans les pays où il a conservé sa souveraineté jusqu'à nos jours, comme en Espagne et en Italie, et l'on tâche de démontrer par là qu'il y a une opposition radicale et constante entre une religion toute spiritualiste et les progrès de la richesse et du bien-être, qui sont le but réel où doivent tendre les peuples.

Nous examinerons ces objections historiques dans deux sections séparées.

DE L'INFLUENCE DU CLERGÉ RÉGULIER SUR L'INDUSTRIE.

Les ordres religieux peuvent être divisés en deux classes distinctes ; la première comprend ceux dont les membres, aspirant avant tout au perfectionnement religieux de leur âme, se décident à fuir le monde pour vivre dans la retraite et pour trouver dans le cloître un asile où ils puissent se livrer en paix à la prière. A cette classe appartiennent, entre autres, la plupart des ordres de l'Église orientale, et, dans l'Église latine, ceux qui se rattachent en si grand nombre à la souche bénédictine. Ce sont les congrégations purement monastiques. Les ordres religieux de la seconde classe, loin de s'éloigner de la société humaine, y sont au contraire retenus par la nature même des occupations qu'ils ont embrassées ; la fin de leur institut n'est pas tant la sanctification personnelle des hommes qui en font partie que l'accomplissement d'une fonction à laquelle la corporation tout entière se consacre. Ici nous trouvons les innombrables congrégations qui ont un but spécial et déterminé : soit un but d'enseignement, comme les Oratoriens, les Piaristes de Pologne, les Frères de la Doctrine chrétienne ; soit un but de charité, comme les Sœurs de Saint-Vincent-de-Paul, les

Pères de la Merci, et tant d'autres ordres institués dans la vue
de secourir le prochain. Nous y trouvons de plus ces fameuses
sociétés militantes, les Franciscains, les Dominicains, les Jésui-
tes, qui, par les diverses voies de la prédication, de l'éducation,
tion, de la science, des missions, doivent poursuivre un même
but, le triomphe de l'Église.

Cette distinction posée, de laquelle de ces deux catégories en-
tendent parler les écrivains qui reprochent aux moines d'être
des membres inutiles du corps social, des parasites qui vivent
aux dépens de la masse laborieuse, sans rien faire pour elle, et
qui concluent de là que l'Église dédaigne le travail, et tend,
par une de ses plus importantes institutions, à détruire dans sa
source la prospérité des peuples? De la première évidemment.
Il serait trop étrange d'accuser de désœuvrement des congrégations enseignantes ou hospitalères ; et quant aux disciples de
saint François, de saint Dominique et de saint Ignace, qui s'est
jamais plaint qu'ils s'endormissent dans l'inaction? C'est de
leur activité au contraire qu'on s'effraie, c'est leur zèle et leur
ardeur qu'on dénonce comme des dangers. Car ainsi sur ce sujet argumentent les incrédules. Les religieux s'enferment-ils
dans la solitude : on leur demande à quoi ils servent, et on les
somme de reprendre dans la société la place qu'ils ont déser-
tée. Se postent-ils au milieu du monde pour y combattre : on
les appelle des ambitieux, et on oppose à leur vie de mouvement et d'agitation le calme paisible de ces bons moines qui
coulent leurs jours purs dans le silence de la retraite. Argumentation singulière, et dont on pourrait s'étonner, si l'on ne
savait que la haine ne recule pas plus devant la contradiction
que devant la calomnie !

Quoi qu'il en soit, nous n'avons pas à nous occuper ici de ces
accusations d'ambition et d'envahissement dont on poursuit les
ordres religieux qui tendent à diriger l'activité morale des peuples. Le but de nos recherches étant de nous assurer si l'existence des corporations monastiques a compromis chez les peuples catholiques le développement de l'agriculture et de
l'industrie, comme on le soutient, nous devons nous arrêter
spécialement sur l'histoire des ordres religieux qui ne sont
pas destinés à agir directement sur le monde, et qui sont l'objet habituel des attaques de nos adversaires.

Il s'éleva à la fin du XVII⁰ siècle une controverse sérieuse entre Dom Mabillon, l'un des plus savants Bénédictins de la congrégation de Saint-Maur, et Dom Bouthillier de Rancé, le fameux réformateur de la Trappe. Mabillon avait publié en 1691 son *Traité des études monastiques*, où il avait entrepris de prouver que de tout temps les moines se sont livrés à l'étude, et que la culture des lettres et des sciences, de celles surtout qui se rapportent à la religion, forme une des bases de leur institut. Ce traité est un des plus beaux monuments de l'érudition bénédictine. Dès l'année suivante pourtant, Rancé fit imprimer, sous le titre de *Réponse au Traité des études monastiques*, une critique étendue et vigoureuse de cet ouvrage, dont il attaquait la pensée fondamentale comme contraire au but même et à toute la tradition de la vie monastique. L'étude, selon lui, n'était pas faite pour les moines; ils n'étaient pas destinés à composer des livres; appelés à vivre dans la retraite et la prière, ils devaient craindre et non pas rechercher la science, qui enfle plus qu'elle n'édifie. Que quelques hommes, doués d'une aptitude particulière, fussent choisis par leurs supérieurs pour se vouer à l'étude, il le tolérait; mais cette exception ne devait s'étendre qu'à très-peu de sujets. Pour l'immense majorité des moines, savoir assez de latin pour entendre la Vulgate et consacrer deux heures par jour à des lectures édifiantes, c'était assez, et c'était tout ce qu'il permettait dans son couvent. Que prétendait donc ce Trappiste? Voulait-il que les moines vécussent dans l'oisiveté, ou plutôt poursuivissent toujours, sans l'interrompre aucunement, le cours de leurs austérités et de leurs prières? Ni l'un ni l'autre. Rancé voulait que les moines travaillassent de leurs mains. Le travail manuel était pour lui un des premiers devoirs de la vie monastique, un devoir dont rien ne pouvait suppléer l'accomplissement, pas même le travail intellectuel.

Evidemment le point de vue de Rancé était trop exclusif; il méconnaissait tout un côté de l'histoire monastique; il oubliait que les couvents avaient toujours été des écoles et avaient été longtemps les seuls asiles où le savoir se fût réfugié; il ne comprenait pas que chacun d'eux devait être un foyer tout à la fois d'instruction et d'éducation, d'où la science rayonnât sur les contrées voisines en même temps que la piété et la vertu. Mais, à part ces exagérations, l'illustre pénitent, en rappelant aux moines dégénérés de son siècle l'utilité, la nécessité, la saintclé du travail manuel, marchait dans la voie ouverte par les fondateurs des ordres monastiques et longtemps suivie par leurs disciples. Ni les textes des Pères, ni les prescriptions des règles, ni les exemples des saints ne lui manquaient pour appuyer sa thèse. Sa voix n'était qu'un écho de la voix de saint Benoît et de tous les grands maîtres de la vie cénobitique.

Dès l'origine de l'institution, en effet, les anachorètes qui s'étaient retirés dans les solitudes de la Thébaïde avaient pratiqué sévèrement la loi du travail. Ces Pères du désert, auxquels on reprochait déjà d'avoir trop quitté le monde, « ne sachant pas, dit saint Augustin, combien leur exemple cause de biens dans ce monde, qui ne les voit pas, » ces Pères du désert ne vivaient pas d'aumônes ; c'étaient eux qui en envoyaient aux pauvres d'Alexandrie et des autres villes d'Egypte. Nous avons cité l'histoire de ce moine qui ne voulait pas travailler, et que l'abbé réprimanda avec une ironie si douce et si persuasive ; le livre où Arnauld d'Andilly a réuni ce que saint Jérôme, Rufin, Cassien, Léonce ont écrit sur ces solitaires, abonde en pareils exemples. Il suffit de l'ouvrir pour apprendre quel était le genre de vie de ces compagnons de saint Antoine et de saint Pacôme. Chacun d'eux exerçait son métier ; les uns tressaient des nattes, d'autres fabriquaient des paniers, la plupart cultivaient des jardins autour de leurs cellules ; tous alliaient ainsi les travaux de l'industrie avec ceux de la pénitence. Cette tradition se perpétua chez tous les moines d'Orient. Saint Basile, dans ses constitutions, impose à ses disciples l'obligation du travail manuel, et la plupart des Pères de l'Eglise orientale, saint Grégoire de Nazianze, saint Jean Chrysostôme et saint Ephrem entre autres, insistent fréquemment dans leurs livres sur l'accomplissement de ce devoir.

En Occident, les mêmes faits se reproduisent, mais sur une plus grande échelle et avec une tout autre importance. Saint Benoît est, comme on sait, le grand patriarche des cénobites de l'Eglise latine. Les ordres qui l'avaient précédé avaient seulement préparé le terrain où le sien s'enracina. Le mont-Cassin fut la ruche sainte d'où s'élancèrent, sur les diverses contrées de l'Europe barbare, les premiers essaims de ces conquérants pacifiques, qui devaient soumettre à la loi chrétienne les cœurs farouches des Germains. Or ces pieux bataillons ne portaient pas seulement la croix et l'Evangile, mais aussi la bêche et la pioche. Saint Benoît avait dit dans sa règle (c. 48) : *Tunc vere monachi sunt, si labore manuum suarum vivunt*, le vrai moine vit du travail de ses mains. Les enfants étaient fidèles aux instructions de leur père. Partout où ils s'établissaient, les forêts s'éclaircissaient, les marais se desséchaient, et la charrue prenait possession de ces terres vagues qu'avaient dépeuplées la tyrannie du fisc et les invasions barbares.

Les Bénédictins s'adonnèrent surtout à l'agriculture. Une utilité plus évidente et plus immédiate ne fut pas la seule cause de leur préférence ; ils aimaient les rudes travaux des champs, ces travaux qui fatiguent les bras et font couler la sueur du front. C'étaient même ceux-là que leur fondateur avait eus en vue dans ses prescriptions ; car il avait autorisé la dispense du jeûne pour les grands jours de l'été, alors que la tâche est plus longue et le soleil plus ardent. Les Gaules durent aux colonies bénédictines le rétablissement de la culture et la conservation de la société, même sous le rapport matériel. On sait combien ces colonies se multiplièrent dans toutes nos provinces, depuis le VIe siècle, où elles s'y établirent, jusqu'au XIe, pendant cet enfantement de cinq cents ans d'où sortit le moyen âge. Qu'on ne s'en étonne pas! Au point de vue de l'économie politique toute seule, jamais institution ne fut plus utile et plus féconde. N'oublions pas qu'une grande partie de nos villes sont nées et ont grandi à l'ombre des monastères. Dans ces temps d'anarchie, un convent était un lieu d'asile pour le travail, qui y trouvait la sécurité ; c'était un établissement agricole et industriel, où de nombreux travailleurs appliquaient à l'exploitation de la terre les ressources de l'association, et qui ressemblait beaucoup à ces vastes domaines impériaux dont il est si souvent question dans les Capitulaires. C'était de plus un grand enseignement : donner l'exemple du travail dévoué au milieu d'une société qui n'avait d'estime que pour la guerre, y avait-il œuvre plus méritoire et plus sociale? Aussi, dans l'histoire économique de nos diverses provinces, les premiers développements de la richesse, les premiers germes de la prospérité apparaissent-ils toujours après la fondation de quelque grande abbaye. Ainsi en fut-il, par exemple, quand naquirent les abbayes de Saint-Bertin ou Saint-Omer sur les confins de la Flandre et de l'Artois, de Conques dans le Rouergue et de la Grasse en Languedoc [1].

---

[1] Parmi les exemples de ces travaux intelligents des moines, nous aimons à citer.

Cette rapide revue de l'antiquité monastique suffit à établir ce fait, qui est capital dans notre cause, que, dans l'origine, le travail manuel a été compris parmi les premiers devoirs des religieux, et qu'à l'avénement de la société moderne les couvents, loin d'être pour aucun pays des causes d'appauvrissement, ont grandement contribué à l'accroissement des produits, et surtout aux progrès de l'agriculture. Plus tard les choses ont-elles changé? Que trop souvent la paresse et l'oisiveté aient envahi les cloîtres, nous n'irons pas le nier; mais qu'en résulte-t-il? De ce qu'il y a eu beaucoup de moines fainéants, s'ensuit-il que la vie monastique soit favorable à la fainéantise? Depuis quand les abus prouvent-ils contre la chose dont on abuse? Gardons-nous d'ailleurs de ces exagérations qu'ont accréditées dans trop d'esprits les déclamations protestantes et voltairiennes. A aucune époque, même aux plus mauvaises, le mal n'a triomphé pleinement; en face de lui, le bien a toujours eu sa place, et souvent plus grande. Le travail des religieux, il est vrai, changea généralement de nature et d'objet; mais ce ne fut pas sans motif. Le caractère de la fonction monastique avait été profondément modifié. Les moines originairement étaient de simples laïques, qui s'associaient pour mieux conformer leur conduite aux conseils de l'Evangile. A dater du moyen âge, ils furent presque tous admis aux ordres sacrés, et devinrent membres du corps ecclésiastique. Ce changement en amena nécessairement un autre dans leurs occupations. Devenus prêtres, ils eurent à remplir les fonctions sacerdotales; l'administration des sacrements fut un de leurs devoirs, et un grand nombre d'entre eux se livrèrent à la prédication. Et cependant, malgré ces innovations, le travail des mains ne fut jamais entièrement abandonné dans les diverses branches de l'ordre de Saint-Benoît. Il s'y élevait de temps à autre quelque âme énergique, qui, par la parole et l'exemple, ramenait les monastères à l'exécution rigoureuse de la règle primitive. Saint Bernard fut l'un de ces hommes. Cet arbitre de l'Europe ne dédaignait

le desséchement de la Bresse et de la Brenne. Les eaux qui s'étendaient sur ces plaines, où elles ne trouvaient pas de pente, furent recueillies et retenues dans des étangs qui sont devenus une source de richesse pour le pays. Le reste des terres étant ainsi mis à sec fut bientôt cultivé. Le desséchement des marais du Bas-Poitou fut aussi entrepris par des moines; le premier canal qu'on y creusa pour donner de l'écoulement aux eaux fut appelé le Canal des Quatre-Abbés, parce qu'il avait été établi aux frais de quatre abbayes.

pas de manier la bêche et de porter du bois, et, quoiqu'il n'eût aucune aptitude à scier les blés et à faire les autres travaux de la moisson, il raconte lui-même qu'il en obtint la grâce à force de prières. D'autres réformateurs l'avaient précédé, d'autres le suivirent, et le nom de Rancé n'est pas le dernier de cette liste glorieuse.

Aujourd'hui l'ordre de Saint-Benoît a presque entièrement disparu de notre sol. De tant de couvents qu'il avait élevés sur les divers points de la France, il n'existe plus que deux ou trois chartreuses, l'abbaye de Solesmes et quatorze maisons de Trappistes. Or les Chartreux ne mènent pas, que je sache, une vie si douce et si paresseuse ; les Bénédictins de Solesmes cultivent le terrain de la science ; et quant aux Trappistes, qui oserait les accuser de négliger le travail? Tous, depuis le père abbé jusqu'au dernier frère convers, s'adonnent à la culture des terres ; ils exploitent eux-mêmes les champs et les jardins qui dépendent de leurs maisons, et déploient dans ces divers travaux autant d'intelligence que de zèle. Le couvent de la Meilleraye, près Nantes, est entre autres une véritable ferme modèle, dont le dernier abbé, dom Antoine, était agronome aussi distingué que moine fervent, et dont l'exemple n'a pas peu servi au perfectionnement de l'agriculture dans les cantons voisins. En vérité on ne saurait concevoir l'aveuglement de certains économistes qui en veulent tant à ces pauvres religieux. Quels hommes pourtant, d'après les règles même de leur science, ont droit de se dire meilleurs citoyens ? Les Trappistes produisent beaucoup et consomment très-peu. On a calculé que l'entretien complet de chacun d'eux ne revenait guère qu'à 40 centimes par jour, moins de 150 fr. par an. Quel économiste voudrait se contenter de ce régime?

Un mot encore sur les Trappistes. On sait que quelques-uns d'entre eux viennent de s'établir à Staoueli, près d'Alger. Constitués en société civile, ils ont obtenu du gouvernement la concession d'une certaine quantité de terres qu'ils doivent avoir défrichées et mises en valeur d'ici à un petit nombre d'années. C'est là un germe précieux qui fructifiera sans doute. Les Trappistes sont appelés en Algérie à remplir parmi les Arabes musulmans une mission semblable à celle que les couvents fondés en Allemagne par saint Boniface ont remplie parmi les païens barbares, mission sublime qui consiste à convertir à no-

tre foi et à notre civilisation des populations ennemies. Mais,
sans entrer dans ces considérations qui sont étrangères à notre
sujet et qui n'ont pas prévalu sans doute dans les conseils des
hommes qui gouvernent l'Algérie, on peut se demander quel
motif a décidé le maréchal Bugeaud, qui ne paraît pas fort en-
clin au mysticisme, à adopter une mesure aussi grave, et même,
dans l'état de notre société, aussi étrange. Cette mesure, il faut
le reconnaître, est un des meilleurs gages qu'ait donnés le gouvernement de son intention, si longtemps douteuse, de coloni-
ser notre conquête. Décidé à fixer, dans le nord de l'Afrique un
noyau de population française, voulant prendre par la culture
une possession réelle du sol, ayant besoin pour cela de ces travailleurs persévérants qui sont la fortune des établissements
nouveaux, le gouvernement de l'Algérie n'a pas cru pouvoir
mieux faire que d'accueillir les Trappistes. Il y a dans ce seul
fait une réponse victorieuse à bien des arguments.

Pour terminer nos recherches sur les travaux agricoles et industriels des ordres religieux, nous avons à nous occuper de
ceux de ces ordres qui se sont consacrés à la vie active. La plupart d'entre eux, il est vrai, n'ont exercé sur l'industrie qu'une
influence indirecte. Absorbés par des occupations plus élevées
et souvent plus périlleuses, dévoués à l'enseignement, à la prédication, à l'apostolat, leurs membres avaient autre chose à faire
qu'à exercer des métiers. Mais parmi ces congrégations, quel-
ques-unes se sont adonnées spécialement à l'industrie, et celles-
là nous ne devons pas les passer sous silence. Il y a eu des ordres
religieux industriels comme il y a eu des ordres religieux mili-
taires; nous voulons parler des Frères Pontifes et des Humiliés.

L'abbé Grégoire a écrit sur les Frères Pontifes une brochure
intéressante et très-connue ; nous nous contenterons d'en donner ici une courte analyse. Les Pontifes, ou Pontistes, ou Frères du Pont, ont été ainsi appelés pour avoir construit le fameux pont d'Avignon, sous la direction de saint Benezet, qui
avait été d'abord berger dans le Vivarais et qui passe pour avoir
fondé leur ordre. Ils contribuèrent de même à la construction
d'un autre pont sur le Rhône, à Saint-Saturnin-le-Port, de
concert avec les habitants de cette petite ville, qui s'étaient
réunis en confrérie pieuse instituée pour cet objet. Quand le
pont fut terminé, la ville obtint de changer son nom primitif
contre celui de Pont-Saint-Esprit, persuadés que, sans les se-

cours de l'Esprit-Saint, elle n'aurait pu jamais achever une œuvre aussi difficile à cette époque. La congrégation des Pontifes se chargea d'entretenir les deux ponts qui avaient été ainsi élevés, et d'exercer l'hospitalité envers tout voyageur et tout pèlerin. Elle fut transportée plus tard dans d'autres provinces de la chrétienté, et notamment en Italie, où elle donna les mêmes preuves de zèle, en établissant sur les rivières des ponts et des bacs, et en accueillant les voyageurs auxquels elle offrait un abri et la nourriture, comme le faisaient aussi à la même époque les monastères établis dans tous les passages des Alpes, et comme le fait encore celui du grand Saint-Bernard.

L'esprit qui animait les Pontifes n'appartenait pas à eux seuls. « On avait vu l'Eglise, dans son intelligence maternelle, plier la « sévérité des peines canoniques à la satisfaction la mieux en- « tendue des intérêts temporels, et commuer à propos ses ri- « gueurs en œuvres pies dont l'utilité matérielle assurait le « profit à la société tout entière. Par des ouvrages consacrés au « bien général, on espérait attirer la miséricorde divine sur soi, « sur ses amis, ses parents décédés. On regardait comme action « méritoire, non-seulement d'élever des églises, de se dévouer « au service des pauvres, des malades, mais encore de rendre « les chemins praticables, d'ouvrir des routes, de construire des « ponts [1]. Cette croyance datait de loin : Théodoret, évêque « de Cyr, dans une lettre au patrice Anatole, lui disait : «Vous « savez que nous avons employé une grande partie des revenus « ecclésiastiques à faire des portiques, des lavoirs, des ponts « et autres édifices utiles au public. En cela nous considérions « plus l'avantage des pauvres que celui des riches (Théodoret, « *epist.* 79). Les constructions de ponts sont particulièrement « citées commes bonnes œuvres par la plupart des écrivains qui, « au XIIᵉ siècle, ont traité de la pénitence. La Grande-Breta- « gne doit à la piété du clergé catholique un grand nombre de « monuments de ce genre. La loi des Ostrogoths statue que si « quelqu'un, pour le salut de son âme, a bâti un pont, l'entre- « tien ne sera pas à sa charge, à moins qu'il n'y consente. Olaüs « Celsius, qui a recueilli soigneusement les antiquités celtiques, « rapporte beaucoup d'inscriptions runiques sur des ponts con-

---

[1] Voy. *Commentarius historicus de discipl. in administratione sacramenti Pœnitentiæ;* auctore J. Morino. In-fol., Parisiis, 1651, l. X, c. 22, p. 768 et suiv.

« struits dans ce but pieux et dont le motif s'y trouve formelle-
« ment exprimé. Nous lui en emprunterons une, consacrée aux
« routes nouvellement ouvertes, et qui résume d'une manière
« touchante l'esprit qui inspirait ces utiles entreprises :

> « Straverunt alii nobis, nos posteritati,
> « Omnibus ut Christus stravit ad astra viam. »

M. Bory de Saint-Vincent, dont le témoignage n'est pas sus-
pect quand il est émis en faveur du Christianisme, attribue
aussi, dans son *Résumé géographique de la Péninsule ibérique*
(p. 185), la construction des ponts nombreux qu'on rencontre
dans le nord du Portugal à l'idée fortement établie dans ces
provinces qu'une telle construction est une œuvre pie, et aux
indulgences que les prélats accordaient à ceux qui les bâtis-
saient, les réparaient ou les entretenaient.

Quant aux Humiliés, ils sont moins connus que les Frères
Pontifes. Beaucoup d'auteurs les confondent à tort avec une
secte hérétique du même nom et du même temps, que con-
damna le pape Lucius, et ceux qui n'ont pas fait cette confusion
ne font guère mention d'eux que pour rappeler la suppression
de l'ordre, en 1570, à la suite d'un attentat que quelques-uns de
ces religieux avaient commis sur saint Charles Borromée; car ils
étaient à cette époque tombés dans un relâchement extrême.
Le Père Hélyot seul, dans son *Histoire des Ordres monastiques*, a
donné sur nos Humiliés des renseignements utiles, quoique in-
suffisants. Voici quelle avait été leur origine.

Au commencement du XIIᵉ siècle, quelques gentilshommes
milanais, faits prisonniers par les troupes de l'empereur Henri V,
furent emmenés en Allemagne, où l'un d'eux, le bienheureux
Gui, les convertit à la pénitence et les ramena au Seigneur. De
retour en Italie, ils ne voulurent pas rentrer en possession de
leurs richesses, les distribuèrent aux pauvres et vécurent en
communauté dans la piété et dans la mortification. Leurs femmes les imitèrent et entrèrent dans leur association, qui s'ac-
crut bientôt de nouveaux membres. Tous ensemble travaillaient
à fabriquer des draps et autres étoffes de laine. Les femmes
filaient, les hommes tissaient et faisaient les autres opérations de
la fabrique. Ils étaient habillés de drap brun et s'appelaient à
cette époque les Berrettini de la Pénitence, à cause de leur bon-
net (*barrettino*). Ils ne reçurent le nom d'Humiliés que quelques

années après, quand saint Bernard, passant à Milan, leur eut fait prendre l'habit blanc et les eut consacrés à la sainte Vierge. Saint Bernard, d'ailleurs, introduisit une grande modification dans leur institut. A son instigation, les hommes et les femmes se séparèrent et formèrent des couvents séparés. A dater de ce jour seulement, l'association des Humiliés, qui n'avait été jusqu'alors qu'une confrérie pieuse, devint une congrégation monastique. Cependant elle ne renfermait encore que des laïcs, et saint Jean de Méda, qui mourut en 1159, en fut le premier prêtre; il la soumit à la règle de saint Benoît et fit élever au sacerdoce plusieurs de ses compagnons. L'ordre des Humiliés fut enfin solennellement approuvé, en 1200, par le Pape Innocent III. Il était dès lors répandu dans toute la haute Italie. A la destruction de Milan par Frédéric Barberousse, beaucoup de prisonniers, suivant l'exemple de leurs devanciers, avaient fait le vœu de s'y unir et l'avaient accompli après leur délivrance. Il n'y eut plus bientôt dans toute la Lombardie de ville qui ne contînt au moins un couvent de cet ordre. C'était l'époque où florissaient les communes italiennes, ce grand foyer de liberté et d'industrie pendant tout le moyen âge. Les Humiliés jouaient, dans chacune de ces républiques, un rôle politique important. Ils étaient les receveurs des droits d'entrée et des péages; ils exerçaient diverses charges de magistrature, entre autres celle de la *Canevaria;* dans toutes les villes où il y avait des magasins de munitions de guerre, chaque supérieur des monastères de l'ordre en avait une clef. Ces divers priviléges leur avaient été accordés par reconnaissance, parce qu'ils avaient introduit dans toutes les cités de la Lombardie les manufactures de laine, qui étaient une des plus grandes sources de la richesse de la province, et aussi des fabriques d'étoffes brochées d'or et d'argent.

Il ne faut pas croire, en effet, que les Humiliés, en devenant de vrais moines, eussent renoncé à leurs habitudes industrielles; le Père Hélyot, qui le donne à entendre, est dans une erreur complète sur ce point. Comment les Humiliés auraient-ils établi des fabriques dans tant de villes, comme ils l'ont fait, s'ils eussent renoncé au travail manuel, ainsi qu'il le présume, dès l'époque du passage de saint Bernard, en 1134, si peu d'années après leur fondation ? Voici d'ailleurs un passage du livre que M. Delécluze a écrit sur l'Histoire de Florence, qui lève toute incertitude sur ce sujet. «En 1239, les Pères Humiliés de

« Saint-Michel d'Alexandrie, obligés par les statuts de leur or-
« dre de se livrer à la fabrication de la laine, vinrent s'établir à
« Florence. L'évêque de cette ville, c'était Jean de Mangiadori,
« non-seulement les accueillit avec plaisir, mais leur concéda
« l'église de Saint-Donato-aux-Tours, hors de Florence, afin
« qu'ils pussent y fonder une manufacture dans laquelle ils tra-
« vaillassent et formassent de jeunes apprentis. Cet établisse-
« ment eut un tel succès, les ouvriers qui en sortaient devin-
« rent si habiles, que, plusieurs années après, en 1251, l'évêque
« s'étant aperçu que la distance qui séparait le couvent de la
« ville faisait perdre du temps aux jeunes apprentis, que d'ail-
« leurs l'emplacement de la manufacture des Humiliés n'était
« plus assez vaste, donna à ces religieux l'église de Sainte-Lu-
« cie-sur-Pré, et enfin les rapprocha encore de Florence, cinq
« ans après, en les établissant dans leur nouvelle fabrique d'Og-
« nissanti, où ils sont restés jusqu'en 1564, vers le temps où
« Pie V supprima leur ordre.

« Dans l'acte de donation de l'église de Sainte Lucie faite par
« l'évêque de Florence, on trouve plusieurs détails qui tour-
« nent tout à l'honneur de ces Pères Humiliés. Comme l'église
« de Saint-Donato-aux-Tours est devenue trop petite, y est-il
« dit, pour que les Frères y puissent exercer commodément
« leur *art*, c'est-à-dire travailler la laine, fabriquer et vendre
« des draps, et se livrer à tous les travaux des mains au moyen
« desquels ils se nourrissent et s'entretiennent, non-seulement
« sans demander l'aumône, mais en en distribuant même d'a-
« bondantes aux indigents; considérant enfin que leur éloigne-
« ment de la ville nuit à leur commerce en ralentissant leurs re-
« lations avec les marchands, nous avons décidé de les rapprocher
« de Florence, etc. Le couvent des Humiliés donna naissance
« au faubourg d'Ognissanti, qui fut plus tard renfermé dans
« l'intérieur de la ville. Peu de temps après leur dernier chan-
« gement de domicile, les Humiliés fournirent aux dépenses
« nécessaires pour la construction du pont d'Alla-Carraia, sur
« l'Arno. » (*Florence et ses vicissitudes*, t. I, ch. IV, p. 34 et suiv.)

L'histoire des Humiliés est encore à faire. M. de Sismondi,
dans sa volumineuse *Histoire des Républiques italiennes*, n'en a
pas, croyons-nous, dit un seul mot; omission bien extraordi-
naire chez un historien économiste. Tous les matériaux, du
reste, sont réunis dans la bibliothèque Ambrosienne, à Milan;

ils consistent en deux chroniques écrites par des religieux de l'ordre en 1419 et 1493, et en une nombreuse collection de pièces originales, telles que la règle, les constitutions et les décisions des chapitres généraux. Il paraît même que, dans la première moitié du XVIIe siècle, un savant Milanais, nommé Puricelli, aurait écrit les Annales des Humiliés; mais son travail n'a jamais été publié. Il doit aussi se trouver à l'Ambrosienne. Puisse quelque Milanais, soucieux de la gloire de sa patrie, tirer ces précieux documents de l'oubli où ils sont ensevelis, et nous donner l'histoire d'un ordre qui a tant contribué à la prospérité de l'Italie et aux progrès de l'industrie manufacturière dans la chrétienté!

DE L'INDUSTRIE DANS LES AGES ET CHEZ LES PEUPLES EXCLUSIVEMENT CATHOLIQUES.

Le moyen âge, époque éminemment catholique, n'a pas été une époque d'industrie; la dignité du travail y a été méconnue; le laboureur, l'artisan, le manufacturier, le commerçant y ont été écrasés par la puissance du prêtre et de l'homme de guerre. Les pays où la religion catholique a conservé dans les temps modernes une suprématie incontestée, les deux péninsules méridionales de l'Europe, sont actuellement dans un état évident d'infériorité industrielle vis-à-vis des peuples qui, d'une manière ou d'une autre, ont secoué le joug de Rome. A des faits aussi importants il faut une explication. Or cette explication ne peut se trouver que dans les doctrines religieuses et morales qui ont dominé le moyen âge et ont dominé jusqu'à nos jours en Italie et en Espagne. Ces doctrines, ce sont les doctrines catholiques.

On peut réduire à ces termes l'objection qui nous reste à combattre, et dont nous ne nous dissimulons ni la portée ni la puissance.

Parlons d'abord du moyen âge.

Cette période de la civilisation chrétienne a été avant tout sacerdotale et guerrière; le fait est vrai. La féodalité et la théocratie s'y sont partagé la souveraineté. Les classes laborieuses, qui fournissent tous les produits nécessaires à l'existence humaine, y ont été généralement tenues dans l'ombre. Le grand rôle, le rôle brillant, était échu au noble et au prêtre. Les intérêts matériels n'occupaient alors dans la chrétienté qu'une place secondaire. Les questions de douane, de viabilité, de manufactures, de navigation, etc., toutes ces questions auxquelles l'économie politique, la science favorite de notre temps, s'est chargée de répondre, ne passionnaient pas des esprits absorbés par la foi religieuse et l'activité militaire. On se battait dans tous les coins de l'Europe pour les intérêts des familles nobles; les peuples se levaient en masse pour conquérir la Terre-Sainte, mais les guerres commerciales étaient à peu près inconnues. Ni le comptoir, ni la fabrique n'étaient encore des puissances. L'agriculture elle-même était dans un état de souffrance; les récoltes étaient souvent insuffisantes pour nourrir les populations; d'horribles famines décimaient de temps à autre même les contrées les plus riches et les plus fertiles.

D'où provenait cette situation?

L'état d'un peuple, à une époque donnée, est toujours une énigme dont le passé seul peut donner le mot. Pour comprendre l'état de la chrétienté au moyen âge, il faut donc remonter dans l'âge antérieur. Or le grand fait qu'on y rencontre est la destruction de l'empire romain par les invasions barbares. La société était à reconstruire tout entière : c'est là le travail que les peuples chrétiens ont accompli pendant tout le cours de cette période, dont les limites ne sont qu'imparfaitement fixées, et qu'on appelle le moyen âge. Ils étaient partis de la barbarie, ils ont abouti à la société moderne. Le moyen âge, comme tout autre âge, a donc été une époque de transition. Le juger en lui-même, sans tenir compte de son point de départ, et surtout le comparer à l'état actuel, c'est une injustice et une faute. Les générations nouvelles ne devraient jamais oublier qu'elles jouissent du travail des générations passées, et que la plus grande partie de leur richesse et de leur puissance leur est venue par héritage.

A ce point de vue, comment nous apparaît le moyen âge pris dans son ensemble? comme un effort immense pour fondre entre elles des populations ennemies, comme une victoire remportée sur la barbarie, comme un pas en avant dans la réalisation des principes chrétiens. Pourrait-on nier qu'au moyen âge la condition des classes inférieures et la constitution de la famille ne fussent de beaucoup supérieures à ce qu'elles étaient avant l'invasion, dans la dernière période de l'empire romain?

Depuis les cours de M. Guizot, il est admis généralement que la civilisation moderne provient du mélange de trois éléments divers, les Barbares, Rome et l'Evangile; mais ce serait une grande erreur d'attribuer à ces trois éléments une valeur égale. Les traditions romaines et barbares ont moins été des principes constituants des sociétés modernes que des obstacles au développement du vrai principe de notre civilisation, du principe chrétien. C'est ce que M. Guizot aurait compris, sans doute, s'il eût procédé dans ses travaux en vue du progrès au lieu de faire simplement de l'analyse et de l'éclectisme. Or d'où venaient précisément ces institutions féodales qu'on reproche au moyen âge? Elles venaient surtout des Barbares. D'où résultait l'abaissement des classes inférieures, des classes industrielles? C'était un legs des sociétés antiques, de Rome et de la Germanie. Le Christianisme n'est pour rien dans tout cela; ce qui forme sa part au moyen âge, c'est la fusion des races, c'est l'abolition de l'esclavage personnel, c'est l'émancipation de la femme, c'est la chevalerie, c'est l'influence sacerdotale, cette influence pacifique qui introduisait dans le droit public la trève de Dieu et étendait une protection respectée sur le travail du pauvre.

Il n'est pas d'ailleurs dans toute l'histoire de période où l'amélioration progressive de la condition humaine soit plus sensible que dans les XIe, XIIe et XIIIe siècles, qui renferment le moyen âge proprement dit, qui commencent après le débrouillement définitif du chaos barbare, quand la féodalité est constituée et que la Papauté entreprend la réforme ecclésiastique. Cette grande époque a été l'objet des travaux de la plupart des historiens contemporains, qui l'ont étudiée sous ses divers aspects. Joseph de Maistre, dans son livre *du Pape*, exposa d'abord la mission providentielle que les pontifes romains y avaient remplie. Depuis, cette réhabilitation d'une époque si longtemps calomniée a été poursuivie sans interruption; amis et ennemis y ont également contribué; MM. Aug. Thierry et Michelet n'ont pas moins servi cette cause que les écrivains catholiques. L'opinion publique s'est éclairée; elle s'est inclinée devant les monuments élevés par la foi de nos pères; elle a apprécié plus justement une littérature et une science qui avaient été trop dédaignées; elle a compris quels progrès avaient été réalisés dans les institutions politiques et dans le droit civil, sous l'influence du sacerdoce et de la royauté. Un seul point est resté dans l'ombre : l'économie politique du moyen âge est encore peu connue. Le grand ouvrage qu'un savant italien, M. Cibrario, a annoncé sur cette matière, n'a pas encore vu le jour, ou du moins l'introduction seulement en a été publiée ; les recherches statistiques de MM. Dureau-Delamalle, Guérard, Géraud, etc., ne concernent presque toutes que des localités isolées. Ces travaux spéciaux sur la matière sont même d'une rareté extrême. Et pourtant, malgré cette indigence, il est un fait hors de doute et qu'une étude même superficielle suffit à constater : c'est que le moyen âge a été, pour le développement de la richesse publique, une époque de progrès immense, l'époque où la culture s'est étendue sur la plus grande partie du sol de la chrétienté, et où les industries les plus importantes ont été fondées.

L'Allemagne, qui avait été à peine entamée par les Romains ; la Pologne et les pays scandinaves, où les aigles n'avaient jamais pénétré ; les provinces belgiques, qui étaient restées depuis la création couvertes de forêts et de marécages ; la Grande-Bretagne, qui était retombée dans l'état sauvage depuis l'arrivée des Anglo-Saxons ; toute cette immensité de terre a été défrichée, rendue habitable, humanisée, si l'on peut ainsi dire, pendant le moyen âge. Les pays méridionaux, où la culture n'avait jamais été interrompue, ont repris dans le même temps une prospérité qu'ils n'avaient pas connue depuis les beaux jours de Rome ; et, quant à la France, après qu'elle fut sortie de l'anarchie, dès les premiers rois de la troisième race, elle entra dans une voie de progrès matériel qui la rendit capable de suffire à toutes les grandes choses qu'elle fit alors dans le monde. Cette ère d'amélioration se perpétua chez nous jusqu'aux guerres des Anglais. Au XIe siècle une grande partie du territoire était encore inculte ; le désordre des guerres féodales paralysait le travail ; les famines étaient longues et fréquentes. Deux passages de Froissard nous mettront à même de juger combien les choses étaient changées au XIVe. Quand Edouard III débarqua en Normandie, en 1346, il trouva une province riche, paisible, déshabituée de la guerre ; les villes n'avaient plus de fortifications ; les châteaux féodaux avaient été rasés dans les campagnes ; les fabriques abondaient même s im   s bourgs ; « et ceux du pays, dit le chroniqueur,

« étaient effrayés et ébahis, ce qui n'était merveille ; car, avant
« ce, ils n'avaient oncques vu hommes d'armes, et ne savaient
« que c'était de guerres ni de batailles. » En 1356, quand le
prince de Galles ravagea le Languedoc, il en fut de même. «Sa-
« chez, dit Froissard, que ce pays de Carcassonnais, de Nar-
« bonnais et de Toulousain, où les Anglais furent en cette
« saison, était un des gros pays du monde ; bonnes et sim-
« ples gens, qui ne savaient que c'était de guerre ; car onc-
« ques ne furent guerroyés ni n'avaient été devant ainçois
« que le prince de Galles y conversât. » Ainsi le travail pacifique avait détrôné la guerre, et cette transformation si complète
s'était opérée pendant le moyen âge. Ces observations feront
peut-être admettre avec moins d'étonnement les résultats auxquels est arrivé M. Dureau-Delamalle dans les travaux purement statistiques qu'il a entrepris pour évaluer la population
totale de la France dans ce même XIVe siècle ; on sait qu'il la
fait monter à un chiffre à peu près égal à celui où elle s'élève
aujourd'hui. (*Mémoires de l'Académie des Sciences morales*, t. I,
p. 169 et suiv.)

L'industrie proprement dite participa, comme l'agriculture,
au progrès général. Elle avait été dans l'antiquité le lot des
esclaves ; dans la période barbare, elle n'était qu'un accessoire
des grandes exploitations agricoles. Pour la première fois elle
conquit dans les communes une existence indépendante et devint un patrimoine d'hommes libres. Les communes n'exis-
taient que par l'industrie et le commerce ; or, puisqu'au moyen
âge les communes se sont multipliées dans toute la chrétienté,
puisqu'elles ont élargi succcessivement leurs enceintes pour
contenir une population toujours croissante [1] ; puisqu'elles se
sont enrichies assez pour construire tant de monuments religieux et civils, n'en résulte-t-il pas clairement que l'industrie
et le commerce y ont pris incessamment un essor plus élevé, et
que les richesses s'y sont accumulées d'âge en âge ? Et enfin,
dans le XIIIe siècle et dans la première moitié du XIVe, les
représentants de la bourgeoisie n'ont-ils pas été admis dans les
états généraux et provinciaux chez tous les peuples de l'occi-

---

[1] Dans un mémoire très-intéressant, M. H. Géraud a établi sur des preuves solides
que la population approximative de Paris, en 1292, était de 215,000 habitants. M. Du-
laure ne l'avait évaluée, pour 1313, qu'à moins de 50,000. (Paris sous Philippe-le-Bel ;
population. Documents inédits publiés par le ministère de l'instruction publique.)

dent et du midi de l'Europe? Où pourrait-on trouver une preuve plus convaincante de l'importance que les fonctions industrielles avaient prise dans les sociétés chrétiennes?

Toutefois, le développement de l'industrie s'opéra plus spécialement dans les républiques municipales de l'Italie et dans les communes de Flandre. Ces deux contrées forment même, au milieu de l'Europe restée agricole et féodale, un contraste frappant. On voit déjà poindre dans les grandes villes manufacturières les embarras, les dangers qui assiégent aujourd'hui l'Angleterre. Les luttes des ouvriers et des entrepreneurs d'industrie ne datent pas de notre temps. Les tisserands et les foulons de Gand et de Bruges étaient souvent, pour les riches bourgeois, des ennemis aussi dangereux que les comtes et les gentilshommes de Flandre. A Florence, le *popolo minuto* (le petit peuple) réclamait sa part de la souveraineté que le *popolo grasso* (les banquiers et les fabricants) avait enlevée à la noblesse. Ce sont là les signes, hélas! trop certains, d'une industrie puissante. Et les Flandres, non plus que les républiques italiennes, n'étaient pourtant pas, que je sache, des pays hérétiques ni indifférents; la foi vivait chez elles, plus pure même et plus fervente que dans les châteaux des barons; leurs corporations étaient placées sous le patronage des saints; leurs églises étaient les plus riches et les plus magnifiques de tout le monde; elles prenaient une part active aux croisades; elles étaient, en un mot, des membres dévoués du grand corps de la catholicité.

Il nous paraît donc évident que la place de l'industrie agricole et manufacturière a été plus importante au moyen âge qu'on ne le croit généralement; nous croyons avoir surtout établi d'une manière invincible que cet âge catholique n'a pas été, pour la production des richesses matérielles, une époque de léthargie et de nullité, mais au contraire l'époque d'un tel développement qu'il faut venir jusqu'à nos jours pour en trouver un plus rapide et plus général. Toutefois, comme nous ne voulons rien exagérer, nous avouons que le rôle de l'industrie dans ces temps n'a été que secondaire, qu'il a été primé par celui des prêtres et des hommes de guerre, fait qui s'explique aisément par la situation même de la société, et qui, du reste, ne nous semble nullement condamnable. Si respectable que soit le travail, il est encore une vertu plus haute : c'est le dévouement. Le soldat qui donne son sang, le prêtre qui se donne tout entier, sont plus haut placés, à nos yeux, que l'homme qui loue ses bras, et surtout que le fabricant qui cherche fortune.

Du moyen âge passons à l'Italie et à l'Espagne, dont on invoque aussi l'exemple dans l'intérêt de la thèse que nous combattons.

La décadence de ces pays illustres provoque, il est vrai, de sérieuses réflexions, surtout quand on la compare aux progrès de puissances schismatiques ou hérétiques, comme la Russie, la Prusse et l'Angleterre. Sous le rapport économique, qui nous occupe ici, l'opposition n'est pourtant pas aussi flagrante qu'on le suppose. Aujourd'hui même on ne trouverait pas dans toute l'Allemagne protestante de provinces plus peuplées et plus industrieuses que la Catalogne et la Lombardie. Bien plus, si l'on compare en général la richesse et la population des divers Etats du continent européen, on voit que les Etats catholiques l'emportent sur ceux qui sont séparés de l'Eglise. Ainsi, d'après le tableau statistique de l'Europe qu'a donné M. Balbi, dans son *Abrégé de Géographie*, la Belgique compte 453 habitants par mille carré, tandis que la Hollande, placée dans des conditions de climat analogues, et qui possède des colonies et une marine, n'en compte que 262; l'empire d'Autriche en renferme 162, et la monarchie prussienne 155 seulement; et encore faut-il remarquer que dans ce dernier Etat les provinces les plus peuplées sont les provinces catholiques de la rive gauche du Rhin. De même, en Pologne, la population est, relativement au territoire, plus considérable que dans l'empire russe, que dans les gouvernements du centre même, où le climat n'est pas plus rigoureux qu'à Varsovie. La statistique de la richesse est plus difficile à établir, mais on peut croire qu'elle donnerait des résultats semblables. Le Tyrol, par exemple, ni la Bavière ne sont certainement pas plus pauvres que la Saxe ou le Hanovre. Notez de plus que nous n'avons pas parlé de la France, dont la supériorité en industrie, en commerce, en marine, ne peut être contestée par aucun Etat continental; et nous avons pourtant le droit de la faire entrer en ligne de compte; car nos concitoyens sont catholiques en immense majorité, et l'esprit catholique est encore assez vivant parmi nous pour pénétrer même les incrédules. Reste donc seulement l'Angleterre, le pays protestant par excellence, où la population et la richesse ont pris un développement prodigieux, qui fait ressortir davantage l'état de marasme et d'atonie où sont tombées les péninsules méridionales. C'est là une comparaison qu'on aime à faire; faisons-la donc à notre tour.

Au XVIe siècle, Séville et Lisbonne étaient les premières places de commerce de l'Europe; aujourd'hui c'est Londres. Au XVIe siècle, les nombreuses fabriques de laine et de soie auxquelles l'Italie a dû tant de richesses étaient encore en voie de prospérité; Séville et Ségovie retentissaient encore du bruit des métiers; Rome était la ville où le crédit public était établi sur les plus larges bases; aujourd'hui Birmingham, Manchester, Leeds n'ont plus de rivales, et Londres est la métropole de tous les banquiers. Au XVIe siècle enfin, l'Espagne colonisait tout un monde qu'un Génois avait découvert, et promenait sur toutes les mers un pavillon victorieux; mais les jours de l'invincible *armada* sont passés; c'est l'Anglais qui, depuis Cromwell, affecte la souveraineté de l'Océan. Colomb, Cabral, Gama, Magellan ont eu pour successeurs Cook et Nelson. L'Espagne ni le Portugal n'ont plus de marine, presque plus de colonies, et la race anglaise s'éparpille à son tour sur tous les points du globe pour y fonder des empires.

Certes, le contraste est frappant. Où faut-il en chercher l'origine?

La religion catholique est-elle la cause de la décadence de l'Espagne et de l'Italie? C'est ce que nous examinerons tout à l'heure; mais que le protestantisme ait contribué, au moins indirectement, à la puissance de l'Angleterre, nous le reconnaissons sans hésiter. L'Angleterre a tout sacrifié à un but unique, l'accumulation de la richesse; l'extension de son commerce et de ses manufactures a été le seul mobile de sa politique; elle s'est lancée tout entière à la poursuite du gain; le corps de la nation est devenu une immense société de marchands, n'ayant de passion que pour l'argent, et trouvant tout moyen bon pour la satisfaire. Or nous avouons qu'aucune société catholique n'aurait pu en descendre là. Il y a dans l'Eglise un esprit de renoncement et d'amour qui ne permet pas aux peuples qu'elle prêche de judaïser de la sorte. Pour donner à l'Angleterre l'esprit public qui fait sa force et sa honte, il ne fallait rien moins que l'égoïsme national, accru par l'isolement religieux et combiné avec l'orgueilleuse sécheresse du protestantisme.

Qu'on trouve en cet aveu un sujet d'éloges pour la prétendue réforme, soit ; les catholiques n'en sont pas jaloux. Si l'Angleterre était restée catholique, elle n'eût pas atteint un aussi haut degré de richesse commerciale et manufacturière ; cela est vrai. Seulement il est bon d'ajouter qu'en revanche elle n'aurait pas tout un peuple de pauvres, et ne serait pas obligée d'ouvrir des prisons, déguisées sous le nom de maisons de travail, pour y renfermer les *mechanics* coupables d'avoir faim. Ce sont là des ombres qui déparent tant soit peu le tableau de la prospérité anglaise, et qui devraient modérer l'enthousiasme qu'elle inspire à tant d'économistes.

Or, et c'est là le revers de la médaille, le second terme de la comparaison qu'il ne faut pas négliger non plus, les péninsules méridionales sont restées jusqu'ici à l'abri de ce fléau du paupérisme qui a envahi toute la Grande-Bretagne. D'après les calculs qu'a donnés M. de Villeneuve-Bargemont, dans son *Economie politique chrétienne*, l'Angleterre comptait, il y a dix ans, un indigent sur six habitants, proportion inouïe, et qui n'a certainement pas diminué depuis ! A la même époque, au contraire, l'Italie et le Portugal ne comptaient qu'un indigent sur vingt-cinq habitants, et l'Espagne un sur trente. N'y a-t-il pas dans ce seul fait une compensation qui rachète au moins en partie l'inégalité de population et de richesses que nous constations tout à l'heure ? Spectacle singulier ! la Grande-Bretagne, dans les derniers siècles, s'est continuellement enrichie ; mais, à mesure que les capitaux s'y sont multipliés, le paupérisme s'y est étendu ; la plus riche contrée du globe est celle qui renferme le plus de pauvres. En même temps, dans les pays catholiques du midi de l'Europe, la production restait stationnaire ; elle diminuait même au lieu d'augmenter ; le commerce y dépérissait : et cependant la condition des classes inférieures y est restée tolérable, et les salaires y ont été maintenus à un taux suffisant, eu égard au prix des denrées. De nos jours, l'ouvrier espagnol ou italien, sans être astreint à un travail excessif, est assez rétribué pour se procurer le nécessaire et pour élever sa famille, tandis que les prolétaires anglais sont condamnés à une misère toujours croissante, qui en fait la population la plus nécessiteuse et la plus abrutie de l'Europe entière.

Qui nous donnera le mot de cette énigme? Pourrait-on conclure de ces faits que l'esprit protestant a donné à l'Angleterre sa richesse, en lui infligeant le paupérisme comme une expiation, et que l'esprit catholique, s'il a réduit les péninsules méridionales à une pauvreté relative, y a du moins dispensé les produits avec plus d'équité entre le travail et les capitaux?

Cette conclusion ne serait fondée qu'en ce qui concerne les peuples protestants; elle est fausse en ce qui concerne les nations catholiques.

Qu'on apprécie en effet la portée sociale du protestantisme d'après l'exemple de l'Angleterre, rien de plus juste. La semence déposée par Henri VIII dans le sol anglais y a germé et y a crû en paix, à l'ombre de la protection du pouvoir; elle est devenue un grand arbre qui a étendu ses rameaux au loin, et a produit tous les fruits, ou doux ou amers, qu'il pouvait produire. L'Angleterre est le plus brillant fleuron de la couronne du protestantisme. Juger une doctrine par ses résultats les plus grands et les plus beaux, quoi de plus légitime?

Mais dans l'histoire des sociétés catholiques, l'Italie et l'Espagne modernes sont loin d'occuper un rang aussi élevé; elles restent sur un plan secondaire; elles ne sont qu'un accident passager. Deux faits isolés ne prouvent rien quand des faits contraires les annulent; et quand il serait exact, comme nous le croyons en effet, que des institutions catholiques qui avaient perdu leur sève, qui s'étaient abâtardies et viciées, auraient contribué en partie à l'abaissement de deux grands peuples, il en résulterait seulement que les hommes peuvent abuser des meilleures choses, ce qui n'est pas nouveau, mais est toujours vrai. Ces mêmes institutions ont fait la gloire d'autres âges, ont donné une vie puissante à d'autres peuples; pourquoi donc ne les juger que par leurs abus? M. de Chateaubriand a merveilleusement dit qu'il y a en littérature deux sortes de critiques: la petite, qui ne voit que les défauts; la grande, qui s'attache aux beautés. Il en est de même en politique. Gardons-nous de cet esprit mesquin et stérile qui n'a d'yeux que pour le mal, toujours inséparable des choses humaines, et s'acharne sur les époques de décadence comme sur une proie où il peut se repaître.

Il est d'ailleurs, dans l'ordre purement politique, mille causes importantes dont il faut tenir compte pour expliquer la décadence des peuples d'Italie et d'Espagne. Pour les premiers, c'est une nationalité perdue, c'est la domination de l'étranger vainqueur, c'est la perte de la liberté politique, c'est le commerce s'ouvrant des voies nouvelles et désertant la Méditerranée. Pour les seconds, c'est la toute-puissance d'un monarque absolu, c'est une administration déplorable, c'est l'épuisement causé par des guerres étrangères et définitivement malheureuses. Ce sont là-des faits graves, qui ont dû exercer sur l'état de l'industrie agricole et manufacturière une action plus immédiate et plus puissante que les priviléges du clergé et la richesse des ordres monastiques.

En général même on ne saurait demander compte à l'Eglise de l'infériorité de divers Etats catholiques aux XVIIe et XVIIIe siècles. Elle avait alors perdu toute influence sur le gouvernement temporel des sociétés ; l'évêque du dehors, empiétant sur les attributions du véritable évêque, avait usurpé jusqu'aux fonctions purement spirituelles ; le clergé était soumis à la servitude royale. C'était la souveraineté monarchique, qui, à Madrid comme à Paris, s'élevait triomphante sur les ruines de tous les pouvoirs antérieurs, y compris le pouvoir ecclésiastique. Les prêtres et les moines avaient des richesses et des honneurs; mais rien de tout cela ne supplée la liberté qu'ils n'avaient pas. Ouvertement battue en brèche par les sectes protestantes, sourdement minée par l'ambition des princes, l'Eglise catholique laissait le monde marcher dans les voies qu'il s'était frayées. Attendant patiemment des jours meilleurs, où, après bien des déceptions, il prêterait de nouveau l'oreille à sa voix, elle se bornait à sa fonction principale, qui est de conserver le dogme; elle avait abdiqué la direction de la chrétienté. Que les peuples ne fassent donc pas remonter jusqu'à elle la responsabilité des maux qu'ils ont pu souffrir pendant cette période ; le coupable qu'ils doivent en accuser n'est pas difficile à découvrir : c'est la monarchie absolue [1].

Nous sommes arrivé au terme de notre travail. Nous voulions prouver que, loin de condamner les peuples à la pau-

---

[1] Les observations que nous venons de faire ne s'appliquent qu'en partie aux États de l'Église. Pour exposer les causes historiques qui ont amené le dépérissement de l'agriculture dans plusieurs provinces de ces États, il faudrait plus de place que nous

vreté, l'esprit catholique était éminemment favorable aux progrès de l'agriculture, des manufactures et du commerce ; nous croyons l'avoir établi par une double preuve, par la doctrine et par l'histoire.

Il y aurait peut-être lieu maintenant de prouver que ce même esprit est la meilleure règle de l'industrie dont il peut être le mobile, qu'il donne à la prospérité matérielle des peuples le seul fondement qui soit solide, qu'il peut les mener à la richesse sans la leur faire acheter au prix du paupérisme et de l'immoralité. Mais cette tâche n'est plus la nôtre ; c'est aux économistes chrétiens que revient le devoir de l'accomplir. Jamais plus grande mission ne fut offerte à des publicistes. Régler la concurrence, assurer le sort des salariés, faire cesser le duel incessant du capital et du travail, constituer l'industrie sur des bases plus morales, organiser le travail en un mot, toutes ces questions si magnifiques et si épineuses, qui les résoudra ? Eux, ou personne. Radicalement impuissants à s'élever au-dessus de la critique, les économistes anglais, saint-simo-

n'en avons ici. Nous dirons seulement que le népotisme contribua beaucoup à produire ce triste résultat. Les familles qui, aux XVe et XVIe siècles, durent à cet abus leurs titres et leurs richesses, se créèrent, surtout dans les environs de Rome, des domaines immenses qui furent soumis au régime des majorats. La possession du sol se concentra ainsi en un petit nombre de mains, et c'est de cet établissement de la grande propriété que date la dépopulation de la campagne romaine. Cette transformation de la propriété s'effectua d'autant plus aisément que les petits gentilshommes et les bourgeois trouvaient dans les fonds publics un placement avantageux pour leurs capitaux, et aimaient mieux mener à Rome la vie douce et commode de rentier que de garder leurs patrimoines et de surveiller la culture de leurs terres. Ranke, dans son *Histoire de la Papauté*, fournit sur ce sujet des renseignements précieux. En général, d'ailleurs, le proverbe allemand : Il fait bon vivre sous la crosse, ne peut avoir qu'une vérité relative. Qu'il valût mieux au moyen âge vivre sous le gouvernement paisible d'un évêque ou d'un abbé que sous la domination capricieuse et violente d'un baron féodal, le fait est certain ; mais d'un point de vue plus élevé, et en pure théorie, on ne saurait comprendre que la confusion des deux pouvoirs soit profitable à la prospérité des peuples. Si le glaive spirituel ne doit jamais être remis à des mains royales, le sceptre, d'autre part, ne saurait être placé entre des mains pontificales que par une exception à la règle commune. Cette exception, sans doute, est parfaitement justifiée quand il s'agit de l'indépendance du Saint-Siége et des avantages qu'elle procure à toute la chrétienté ; mais il n'en est pas moins vrai que les populations peuvent en souffrir, et que leurs intérêts particuliers sont nécessairement sacrifiés quelquefois aux intérêts généraux de l'Église. Pour n'en citer qu'un exemple, la lourde dette qui grève les finances du Pape, et dont le poids pèse exclusivement sur les États pontificaux, provient, en grande partie, d'emprunts contractés il y a deux siècles pour combattre le protestantisme et pour les besoins de la cause catholique. C'est par des considérations de cette nature qu'on peut expliquer en partie la fâcheuse position de plusieurs provinces de l'État romain.

niens, fouriéristes, remueront vainement tous ces problèmes.
Qu'attendre d'hommes dépourvus de tous principes moraux
arrêtés? A quels résultats peuvent aboutir des doctrines qui ne
reconnaissent au travail d'autre mobile que la satisfaction des
appétits, qu'on proclame comme la fin dernière dé l'homme?
L'exemple de l'Angleterre montre assez dans quel abîme tom-
tent les sociétés qui ne vivent que par la perpétuelle excitation
de tous les égoïsmes. Seuls, les économistes chrétiens peuvent
tirer la science de l'impasse où elle est engagée. Connaissant
les principes sur lesquels repose l'existence des sociétés, sachant que l'économie industrielle doit avoir ses racines dans
l'économie morale, qui est la vie même des nations, assignant
au travail le seul mobile qui le rende profitable à tous, le devoir imposé par Dieu, ils trouvent d'abord dans la religion
chrétienne un point de départ assuré. Mais les secours qu'elle
leur offre ne se bornent pas là ; la morale révélée leur indique
aussi le but vers lequel leurs efforts doivent constamment tendre. Ce but n'est pas, comme dans l'économie politique anglaise, l'exagération fiévreuse d'une production illimitée qui
ne tourne au profit que du petit nombre; il est plus grand et
plus beau : c'est un accroissement continu et mesuré dans la
masse des produits, et la distribution régulière et équitable qui
doit en être faite entre les diverses classes de producteurs. Ce
but, c'est l'amélioration de la condition des classes pauvres,
c'est le soulagement des faibles et la protection des déshérités,
c'est l'incarnation dans le corps social des principes de justice
et de charité que l'Evangile a révélés au monde, et qui, par une
lente transformation, passent peu à peu de l'Eglise qui les enseigne dans l'Etat qui les applique.

Que les économistes chrétiens poursuivent sérieusement
l'œuvre qu'ils ont commencée, et les préjugés que nous avons
combattus tomberont d'eux-mêmes. Tout le monde compren-
dra alors que, si l'Eglise est l'ennemie née de l'industrialisme,
elle est la meilleure protectrice de l'industrie, et la religion
chrétienne sera vengée des accusations insensées qu'on a lan-
cées contre elle. Heureux, en attendant, si nous avons éclairé
quelques esprits, et si nous leur avons montré comment la reli-
-gion catholique se concilie avec l'accroissement de la richesse
et les progrès de la production!

Tout notre travail peut être résumé en deux mots. « Cherchez d'abord le royaume de Dieu, et tout le reste vous sera donné par surcroît, » est-il dit dans l'Evangile. Ces paroles, qui devraient être toujours présentes à l'esprit des économistes, sont la lumière de la politique chrétienne et le vrai secret de la prospérité des peuples.

IMPRIMERIE D'A. RENÉ ET Cᵉ, RUE DE SEINE, 32.